Fabio Zago - Raffaella Ghionna
con la collaborazione di Emanuela Pagliato e Emanuela Stucchi

la buona cucina vegetariana

De Vecchi

A Davide e a ciò che stiamo creando
... E a mia madre, il mio chef preferito da sempre!

Dedicato ad Anna e Francesca, compagne di questa avventura... per i loro consigli, il loro appoggio e la loro presenza costante!

Un ringraziamento particolare a Cristina e Alessandra per i loro preziosi aiuti e a Valeria, una vegetariana doc!

Gli autori desiderano ringraziare l'azienda Bitossi Home per aver fornito alcuni piatti fotografati.

Consulenza dietologica: Emanuela Pagliato ed Emanuela Stucchi

Progetto grafico della copertina: Design 3

Foto: Marco Giberti e archivio DVE (pagg. 7, 18, 20)

Se desiderate ricevere il nostro catalogo ed essere informati sulle nostre nuove pubblicazioni scriveteci al seguente indirizzo:

DVE ITALIA S.p.A.
20124 Milano – Via Vittor Pisani, 16

E-mail: libridve@devecchieditore.it

Sommario

Introduzione

"Il vegetarianismo riguarda la costruzione dello spirito,
non del corpo.
L'uomo è qualcosa di più che carne.
È la spiritualità dell'uomo ciò di cui ci occupiamo.
Perciò la base morale dei vegetariani dovrebbe essere
la consapevolezza che gli uomini non sono nati carnivori
ma per vivere della frutta e delle piante
che crescono sulla terra."
(M.K. Gandhi)

Antica filosofia e moda culinaria del momento, etica della non violenza sugli animali e volontà di ridurre l'apporto di grassi, la cucina vegetariana è senza dubbio un modo sano e diverso di alimentarsi. Questo libro presenta una raccolta di ricette vegetariane selezionate, equilibrate e complete, di facile realizzazione e di sicuro successo: potrete scegliere se apprezzarle come sana alternativa alle ordinarie abitudini alimentari, o se adottare questo tipo di cucina in maniera assoluta, come scelta di vita. Riaffioreranno così antichi sapori che la vita moderna tralascia e tende a sostituire con cibi più ricercati; in realtà, vi accorgerete ben presto che la forza della natura trionfa sempre e riscoprirete nella semplicità dei frutti della terra la più profonda espressione di colori e profumi in sintonia con un'essenza che riporta alle origini. La cucina vegetariana ha dimostrato scientificamente di poter essere unica e, se curata a dovere, potrà sopperire alle esigenze di sostentamento senza rinunciare al piacere del palato.
Può essere adottata a qualsiasi età e in ogni momento della vita, selezionando le dosi e gli ingredienti per far fronte ai differenti fabbisogni: troverete la giusta energia e il corretto apporto nutrizionale senza appesantirvi eccessivamente.
È per questo motivo che siamo lieti di presentarvi, oltre alle ricette, anche un piccolo approfondimento riferito agli ingredienti che adotterete per la preparazione di questi piatti, per dimostrarvi ulteriormente quali possono essere le molteplici note positive del mangiar sano.
La cucina vegetariana vi sorprenderà con un incredibile connubio fra bontà e salute, una varietà assoluta di cibi che, alternati ad altrettanti ingredienti sani e naturali, daranno vita a piatti inconfondibili.
In pochissimo tempo realizzerete ricchi banchetti in grado di soddisfare pienamente anche gli ospiti più esigenti.

Che cos'è il vegetarianismo

FRA STORIA E FILOSOFIA

Fra le fondamenta di tutte le principali religioni e correnti filosofiche esiste il sentimento di compassione nei confronti delle creature viventi che popolano l'universo, pertanto è implicito il comandamento di non uccidere gli animali nemmeno per nutrirsi.
Non si tratta solo di una forma di rispetto per la natura che viene catalogata in maniera equivalente, siano uomini o animali, ma è anche una questione di purezza interiore.
Preservare la propria anima dal peccato dell'uccisione avvicina a Dio, aiuta a raggiungere una perfetta sintonia con la dottrina religiosa che si pratica e conduce verso elevatissimi livelli di risveglio spirituale.
Diverse filosofie sostengono che alimentarsi di carne porti ad assimilare energia negativa, derivante da un'uccisione barbara e crudele: una pratica di meditazione deve essere in perfetta sintonia con se stessi per riuscire a raggiungere il divino in piena armonia.
Facendo qualche esempio di vegetariani per scelta filosofica e religiosa, si possono citare i fedeli di Hare Krishna che, credendo nella reincarnazione, imputano all'uccisione di un animale un reale e concreto omicidio. Inoltre, attribuiscono la causa delle violenze umane all'alimentazione aggressiva (derivante dall'uccisione di esseri viventi innocenti).
Anche nel Vangelo dei cristiani ci sono continui riferimenti a semi, erbe, frutta, latte e miele. Ma soprattutto viene considerato un avvicinamento a Satana tutto ciò che è diverso dal vegetale e si utilizza per il nutrimento, elogiando il diritto alla vita per tutte le creature di Dio.
L'Ebraismo per secoli è stato un ulteriore fautore del vegetarianismo, nella Genesi molti passi ne fanno riferimento. L'esempio più tangibile è la famosissima "manna dal cielo" che Dio fece cadere al popolo eletto per sostentarsi durante il lungo viaggio verso la terra di Canaan.

UNA SCELTA DI VITA

Esistono tendenze alimentari così caratteristiche che più che abitudini possono essere definite vere e proprie filosofie di vita. Le scelte che spingono a nutrirsi in modi così ri-

gorosi come quelle dei vegan e dei fruttariani, possono essere svariate, ma in comune esiste un'unica convinzione: le risorse naturali sono un bene da salvaguardare.
I vegan ritengono un doloroso sfruttamento servirsi dei derivati del mondo animale, pur non portandone la morte, pertanto escludono dal proprio sostentamento gli alimenti che hanno queste origini, eliminando totalmente uova, latticini, miele ecc.
I fruttariani mirano al rispetto della pianta: consumano, infatti, frutta e derivati da piante già morte. Si nutrono anche di farinacei perché i semi sono una parte che la pianta disperde senza dover essere colta. Sembrerà una scelta bizzarra ma, se seguita con attenzione, è un'alimentazione davvero completa e salubre. In Australia un gruppo di fruttariani vive perfettamente in questa maniera ormai da decenni.
Sono diverse le correnti che considerano assolutamente positive queste scelte alimentari dettate da motivazioni etiche e salutiste, che devono essere assolutamente ponderate con estrema attenzione.
È necessario che sussistano ottime conoscenze delle caratteristiche nutrizionali degli alimenti che si possono utilizzare, per poterne trarre il massimo beneficio.
Alla base di tutti questi veri e propri culti alimentari c'è sicuramente una fortissima sensibilità verso l'impoverimento del globo terrestre: salvaguardare l'ambiente è un dovere di ognuno e queste "religioni alimentari" con le loro caratteristiche tendono a preservare lo sfruttamento delle risorse, e ad anteporre l'ambiente a sé stessi, non solo per quanto riguarda l'alimentazione ma ponendo attenzione alle scelte dell'abbigliamento e dell'arredamento.

Alimentazione e salute

AGRICOLTURA BIOLOGICA: DIFENDIAMO LE RISORSE

Ritrovare un equilibrio in armonia con la natura, è oggigiorno uno dei bisogni primari dell'uomo.
L'agricoltura biologica, attraverso il proprio amore per il territorio e ponendo la giusta attenzione ai principi nutrizionali, ci dona l'opportunità di percepire un vero e proprio avvicinamento alla natura.
La produzione biologica è costituita da metodi che rispettano l'ambiente: alla base sussiste l'abolizione totale dei prodotti chimici.
Ripristinare l'ecosistema è un processo lento e complicato, ma indispensabile per garantire un futuro all'umanità. Non è necessario ricorrere ai prodotti chimici, altamente inquinanti, per difendere le colture dall'attacco dei parassiti: si possono, infatti, utilizzare altre sostanze, come il piretro (estratto di una pianta), per ottenere lo stesso risultato.
Inoltre si può ricorrere alla tecnica di consociazione: coltivando a rotazione prodotti sempre diversi si inibisce l'annidarsi di parassiti e si evita per di più l'impoverimento del terreno. In alternativa, l'utilizzo del letame, come da tradizione più antica, costituisce tutt'oggi un'ottima fonte di ricchezza.

L'agricoltura biologica è disciplinata da un regolamento vigente in tutta l'Unione Europea.
A differenza dell'agricoltura tradizionale e di quella integrata, a garanzia del consumatore, è prevista una continua verifica da parte di organismi di controllo per tutto il ciclo di produzione, trasformazione e distribuzione del prodotto.
L'Italia, sempre attenta all'ambiente e alla sicurezza alimentare, si è aperta positivamente ai prodotti biologici, dando origine a una rapida distribuzione di largo consumo. È ormai semplicissimo reperire articoli di questo genere anche nei supermercati delle grandi città, dove ricercare il contatto con la natura sta nei piccoli gesti, nella scelta di prodotti sani e naturali.

PER OGNI STAGIONE UN FRUTTO...

Al giorno d'oggi reperire qualsiasi ortaggio anche fuori stagione è semplice grazie alle sviluppate importazioni dai paesi caldi, alle serre, ai metodi di conservazione differenti, tra cui surgelati, sottoli, sottaceti, liofilizzati, sterilizzati in scatola e altri trattamenti chimici. La distribuzione e la produzione dei famosi OGM consentono, poi, una maggiore conservazione.

Certamente i cambiamenti climatici rendono variabile l'andamento delle coltivazioni, ma in linea generale esistono dei calendari naturali che andrebbero rispettati.

Per apprezzare al meglio gli aspetti nutritivi di frutta e verdura, bisogna consumarla nel giusto periodo di crescita: non a caso i generi alimentari che raggiungono la massima maturazione sono più saporiti e più ricchi di vitamine, sali e zuccheri.

Sono altamente sicure le coltivazioni biologiche o a lotta integrata, che si sviluppano spontaneamente solo nei periodi più idonei. Queste tecniche di coltivazione tendono peraltro a risparmiare le risorse energetiche, che in altri casi servono ad attuare metodi di conservazione, e non si servono di additivi chimici per "forzare" la crescita fuori stagione.

La natura è così perfetta da indicarci in maniera unica e spontanea ciò che è più corretto per noi e in quale momento. Le intolleranze alimentari così attuali e problematiche insorgono spesso proprio perché non si rispetta la stagionalità degli alimenti e si tende a consumarli in momenti non idonei, così da non aver mai un periodo di completa "depurazione".

Tenere in considerazione la stagionalità di questi alimenti è molto importante, non solo per l'aspetto nutrizionale, ma anche per una "sintonizzazione" del nostro corpo nei confronti del ciclo vitale: seguire una successione naturale e benefica è estremamente vantaggioso.

LA DIETA VEGETARIANA

Osservare una dieta vegetariana è sicuramente un modo estremamente sano ed equilibrato di alimentarsi, le risorse nutritive necessarie al sostentamento sono facilmente reperibili in natura e questo è un aspetto altamente positivo.

Sostituire la carne è molto semplice, basta conoscere correttamente tutti gli altri alimenti per poterli consumare nella maniera più idonea, rendendo così la dieta vegetariana completa e diversificata.

Passiamoli brevemente in rassegna.

Frutta e verdura sono i componenti primari dell'alimentazione umana. Non solo sono fonte inestimabile di vitamine e sali minerali, ma rappresentano validi rimedi preventivi e terapeutici contro molti disturbi.

I cereali costituiscono una base fondamentale: sono energetici ed alta-

mente digeribili. La produzione biologica ne conserva intatte le caratteristiche nutritive, di contro i trattamenti industriali fanno perdere molte qualità, soprattutto quelle proteiche.
I legumi rappresentano un'ottima alternativa per un idoneo apporto proteico: basti pensare che 50 grammi di legumi equivalgono a un etto di carne.
Le uova sono un elemento completo ad alto valore biologico: contengono tutti gli aminoacidi essenziali, proteine, fosforo, ferro, calcio, zinco, vitamine e colesterolo, elemento non sempre negativo, ma anzi fondamentale per il nostro organismo. Hanno un basso apporto calorico e un elevato indice di sazietà.
Il latte, infine, è per antonomasia l'elemento più completo per la nutrizione dei bambini; costituito principalmente da acqua, è ricco di sostanze nutritive quali vitamine, calcio e fosforo. Esistono in commercio diversi tipi di latte fra cui quello di riso e quello di soia che sono nettamente più digeribili e meno grassi.
Inoltre, è importantissimo conoscere i latticini (formaggio, burro, panna e yogurt) per poterli consumare al meglio valorizzandone le risorse positive.

UNA MAGIA DELLA NATURA: LA SOIA

Le proprietà della soia sono concretamente soddisfacenti, tanto da riguardare anche l'ambito terapeutico: è, infatti, adoperata sia in forma naturale che come integratore.
Nella medicina macrobiotica viene apprezzata per le sorprendenti doti calmanti, contro dolori e malattie da raffreddamento.
Oltre alle notissime doti della lecitina di soia, un'emulsione dietetica in grado di ridurre concretamente il colesterolo, questo "fagiolo cinese" grazie alle proprietà proteiche e all'alto contenuto di fosforo, ferro e vitamine, dona un valido supporto per mantenersi giovani, tiene distanti malattie cardiovascolari e legate all'osteoporosi, aiuta a perfezionare la pelle curando l'acne, è benefica per le vie urinarie, fornisce un ottimo contributo per la prevenzione di diversi tumori, allontana e migliora il periodo della menopausa, regolarizza il ciclo mestruale, equilibrando l'intero sistema ormonale (grazie alla presenza di fitoestrogeni, cioè estrogeni di origine vegetale, importanti fra l'altro anche perché diminuiscono la probabilità di cancro al seno).
In natura la soia, che inizialmente è un germoglio, giunta a maturazione acquisisce l'aspetto di un fagiolo. Si cucina in modo semplice, veloce, ma anche molto vario.
Come per i legumi è consigliabile lasciarla a bagno per tutta la notte, facendola ammorbidire prima di cucinarla come si preferisce. Grazie alla sua malleabilità, questo straordinario dono della natura, viene trasformato e si presenta anche sottoforma di latte, yogurt, gelato, bistecca o polpetta, farina, pane, pasta, riso, olio, noccioline e, addirittura, come formaggio (il tofu) privo di colesterolo e come salse (il miso, il natto, lo shoyu, il tamari e altre ancora).

CARNE DI GRANO: IL SEITAN

Il seitan detto anche "carne di grano" è un vero e proprio dono naturale per i vegetariani che possono valersi al meglio delle importantissime qualità proteiche tipiche di questo alimento.
L'aspetto è simile a quello della carne, il sapore è però delicato e la consistenza morbida.
Nonostante manchi di alcuni aminoacidi essenziali, le caratteristiche positive riguardano sicuramente l'altissima digeribilità e la totale mancanza di colesterolo rispetto alla carne animale.
Il seitan, grazie al gusto neutro che lo contraddistingue, si sposa molto bene con tutti i tipi di verdura, i legumi, le uova e i formaggi.
Questo speciale alimento è il risultato della separazione dei due elementi che lo compongono: il glutine, cioè la parte proteica, e l'amido della farina.
Questa semplice operazione, realizzabile anche in casa, si ottiene impastando il glutine di frumento con l'acqua e lasciando riposare il composto, ricoperto completamente di altra acqua, in una terrina capiente.
Dopo averlo lasciato a bagno per circa un'ora, l'impasto dovrà essere risciacquato sotto acqua corrente fino a rilasciare completamente tutto l'amido (cioè la parte bianca).
A questo punto il seitan risulterà scuro, perché avrà rilasciato completamente la parte costituita da amido e quindi la più chiara, pertanto sarà pronto per la cottura, che durerà circa mezz'ora, sempre in abbondante acqua, aggiungendo a piacere soia e altri aromi per esaltarne al massimo le qualità gastronomiche (si consigliano spezie come lo zenzero, salse di shoyu e alghe).
Se si preferisce acquistare il seitan già pronto in busta, si trova in commercio sotto forma di impasto nell'acqua di cottura ed è facilmente reperibile in negozi di prodotti naturali e di agricoltura biologica.
Ovviamente molto meno costoso è il glutine di frumento che si acquista per la preparazione casalinga.

IL TOFU: UN FORMAGGIO DALL'ORIENTE

In Oriente, oltre duemila anni fa, si diede vita a un alimento prezioso e unico: il tofu che, paragonato alla nostra mozzarella, è un derivato della cagliatura del latte di soia bollito.
Viene prodotto in maniera molto naturale, semplicemente con soia gialla, acqua e cloruro di magnesio (nigari), un estratto che provoca il processo di cagliatura.
Introdotto solo successivamente in Europa, ha ottenuto enorme successo negli ultimi anni, quando una maggiore attenzione all'alimentazione e una cultura culinaria più evoluta l'hanno promosso grazie alle sue considerevoli caratteristiche nutrizionali. Solo la mancanza di metionina lo rende leggermente incompleto ma, se cotto o accostato ai cereali, si integra perfettamente in una portata perfetta.
Importante per la dieta vegetariana, questo alimento ricco di proteine e privo di colesterolo è attualmente molto in voga anche nei locali più "in", ingrediente ricercato per menu d'effetto.
Le tecniche di coagulazione e di lavorazione cui è sottoposto rendono

il tofu diverso per forma, per contenuto di calcio e per consistenza (si può presentare compatto, morbido, secco ecc.).
Si conserva in frigorifero come la nostra mozzarella, immerso nell'acqua, che va cambiata spesso, oppure in freezer, anche se in questo caso non mantiene completamente invariate le sue caratteristiche. È preferibile apprezzarlo fresco, consumarlo cioè entro 3-4 giorni dal momento di produzione, e possibilmente biologico poiché è sicuramente di qualità superiore+.
Può esser bollito, fritto, oppure servito "crudo" marinato o condito a piacere. Un ottimo accostamento è quello con le verdure cotte, ma può anche essere aggiunto per insaporire le minestre e per realizzare primi.
Vicino alle nostre tradizioni alimentari, è uno dei derivati della soia che viene consumato più facilmente e piacevolmente rispetto ad altri che risultano meno adeguati ai nostri usi gastronomici.

UN CONDIMENTO TUTTO NATURALE: IL MISO

La soia, che per millenni ha costituito la base dell'alimentazione in buona parte del mondo, ha diversi derivati, tra cui il miso che vanta un'antichissima tradizione.
Questa speciale purea di colore scuro, che si ottiene dalla fermentazione dei fagioli di soia in acqua salata, è ricca di proteine facilmente assimilabili e di altissima qualità, è un ottimo fermento lattico, ripristinante della flora batterica intestinale, aiuta la digestione ed è fonte di vitamina B e oligominerali.
È, inoltre, utilissimo per combattere il colesterolo, grazie alla presenza della lecitina e dell'acido linoleico.
Il termine "miso" è molto generico: ne esistono infatti di vari tipi con sapori e colori differenti; grazie alla caratteristica versatilità di questo ingrediente, può essere apprezzato mescolandolo all'orzo, al riso integrale o bianco e al grano.
Anche in cucina si fa e si segue la moda e, se attualmente lo stile orientale è quello più in voga, per la preparazione di un perfetto *sohan* (cioè un menu giapponese) è necessario, data l'essenzialità tipica delle portate, servirsi di questo insostituibile condimento per ottenere ottimi risultati. Originariamente viene aggiunto ai cibi (sostanzialmente riso, alghe, minestre e verdure) non troppo bollenti, in modo da non alterarne il gusto e le proprietà.
Considerando il sapore estremamente aromatico, è adatto a insaporire ed esaltare il gusto di altri alimenti. Per la nostra tradizione, la funzione principale può essere quella di sostituirsi al classico "dado", con la differenza sostanziale che i molteplici benefici e la provenienza del tutto naturale lo rendono ancora più apprezzabile.
È per questo motivo che non si tratta solo di una questione di moda del momento, la cultura del "mangiar sano" promuove questi nuovi ingredienti che sono sempre più presenti nelle nostre cucine.

ENERGIA PURA: IL MIELE

Creare un gustoso contrasto o equilibrare i sapori abbinando al meglio l'aroma del miele è l'effetto che

meglio esalta questo ingrediente dalle mille risorse.
Le sue radici si spingono lontano, gli egizi, i greci e i sumeri ne conoscevano già le fantastiche proprietà: prima ancora dello zucchero esisteva questo unico elemento capace di sostituire appieno qualsiasi altra forma di dolcificante.
Ne esistono di diversi aromi, dai più delicati, a quelli fruttati, decisi, aromatici, intensi e resinosi. Ognuno con proprietà anche terapeutiche diverse, può essere consumato sin da bambini, è consigliato a tutti, soprattutto agli sportivi per i suoi indubbi benefici salutari.
Oltre alle notissime proprietà nutrizionali, questo ottimo alimento, grazie alla propria versatilità, può essere impiegato in cucina per svariate combinazioni. Non solo per la preparazione di dolci, torte, biscotti, creme e gelati, ma anche per condire insalate, accostare formaggi, realizzare salse agrodolci, preparare bevande dissetanti per l'estate, yogurt freschi, succhi di frutta naturalmente dolcificati con zuccheri semplici.
Per una dieta vegetariana equilibrata, ci si può affidare all'aiuto del miele, in grado fra l'altro di facilitare l'assimilazione del ferro.
Il miele è oltretutto un ottimo conservante, grazie all'elevata componente zuccherina è in grado di mantenersi e mantenere i cibi intatti e freschi a lungo, ma soprattutto senza le controindicazioni degli additivi chimici.
Alcuni consigli pratici per l'uso del miele in cucina: rispetto allo zucchero, bisogna considerare che il miele rende più morbidi gli impasti, pertanto bisogna ridurre le dosi degli ingredienti liquidi per compensare la fluidità del miele stesso. La cottura dovrà essere più moderata, le temperature più basse e i tempi più lunghi, altrimenti si rischia di imbrunire eccessivamente le preparazioni.

LATTE E LATTICINI

"Il latte materno prepara il corpo ad albergare l'anima e lo spirito. Porta l'essere umano sulla terra e gli fa percepire l'unità con il genere umano." (Haushka)

Il latte materno è il primo alimento che ci nutre, anche se ci accompagna solo per un breve periodo, ma vari tipi di latte con origini diverse sono consumabili per il resto della nostra esistenza.
Il latte che attraversa molti controlli e, dopo essere centrifugato, omogeneizzato e trattato termicamente, arriva sulle nostre tavole, rimane un elemento di primaria importanza non solo per le svariate proprietà, ma anche perché è uno dei pochissimi alimenti com-

pleti ed equilibrati. Ricco di calcio, vitamina D e fosforo, elementi importanti per le ossa, di acqua fondamentale per il nostro fisico, di aminoacidi essenziali indispensabili per tessuti, muscoli, enzimi ed emoglobina, il latte ha dalla sua anche il tipo di grassi: grazie allo stato di emulsione in cui si trovano, infatti, sono altamente digeribili.

I derivati della coagulazione del latte più "sostanziosi" sono i formaggi, che rappresentano un concentrato di proteine.

Oltre alle differenti stagionature (freschi, media o lunga stagionatura) è importante conoscere le caratteristiche nutrizionali dei formaggi per poterli consumare assecondando le proprie esigenze alimentari: quelli con il più alto contenuto di colesterolo, per esempio taleggio e mascarpone sono i più grassi; i formaggi magri che addirittura sono consigliati anche nelle diete sono, per esempio, la ricotta fresca, il fiordilatte, la jocca; i semigrassi sono quelli tipo emmenthal, parmigiano e fontina.

Il burro è un estratto ricavato dalla lavorazione della crema di latte vaccino; estremamente energetico e calorico, è un ingrediente insostituibile per la preparazione di molti piatti. Nonostante il lato negativo che lo contraddistingue e cioè il contenuto di grasso, l'aroma inconfondibile non regge al confronto con oli o altri condimenti. Inoltre, molti surrogati di origine naturale in commercio, nonostante la leggerezza risultano meno sani del burro stesso.

La panna si ottiene centrifugando il latte e separando le molecole di grasso dalla sostanza liquida. Questo risultato che lo rende un alimenti ricco di colesterolo lo trasforma sicuramente in un elemento di spicco per la cucina in quanto permette la realizzazione di pietanze più gustose e gradite.

Sottoponendo il latte a omogeneizzazione, pastorizzazione e fermentazione si ottiene lo yogurt: un concentrato di fermenti lattici che dona effetti benefici per la flora intestinale; rinfrescante, sano e completo può sostituire il burro in cucina ed essere un ottimo condimento per insalate.

ERBE E RIMEDI

Dalla natura provengono le migliori medicine naturali e i rimedi più sani ed equilibrati contro molti disturbi: dall'insonnia alla stipsi, dalla digestione all'ansia.

Tisane, decotti, infusi e tè sono un vero e proprio toccasana; è indispensabile conoscere al meglio le proprietà terapeutiche delle piante e le differenti modalità di preparazione per poterne fare un ottimo uso.

Le tisane sono l'insieme di almeno due piante essiccate, spezzettate e miscelate, costituite da una componente principale che ha la funzione predominante e l'altra "adiuvante" cioè integrante o di miglioramento del gusto.

È importante rendere omogeneo il gusto per non creare forti contrasti, oltre ovviamente a porre la massima attenzione nel miscelare ingredienti ben conosciuti e che non creino interazioni fra loro.

I decotti si preparano facendo bollire l'acqua con già all'interno l'estratto di una o più piante e, di solito, è costituito da parti grandi e consistenti che necessitano di una vera "cottura" a differenza delle fo-

glie più sbriciolate o polverizzate. Il decotto che si beve tiepido va lasciato a riposo per 20 minuti.
Gli infusi si preparano versando l'acqua bollente direttamente sugli estratti e si lasciano riposare per circa 20 minuti. Per questa procedura l'ideale è utilizzare la parte della pianta più ricca di principi attivi, quella cioè più concentrata.
Il tè (*Camellia Sinensis*) è la bevanda più famosa e utilizzata al mondo, vanta una storia antichissima che nonostante il tempo e le distanze ha mantenuto la sua presenza costante e ovunque. Si tratta di una pianta straordinaria dai moltissimi pregi e dagli effetti benefici (di cui la primaria azione antiossidante) che in base al luogo di nascita assume gusti e produce risultati differenti.
In commercio sono disponibili tè aromatizzati a tutti i gusti, dalla frutta alle spezie.

Perle di saggezza

Sono moltissimi i vegetariani che hanno fatto storia: sportivi, filosofi, attori e cantanti...
Sicuramente alla base di questa scelta responsabile e sentita esistono pensieri profondi che hanno plasmato l'intera esistenza di grandi personaggi. Ecco alcune fra le frasi più rappresentative.

Tutto ciò che può sentire dolore non dovrebbe essere sottoposto al dolore (R.M. Dolgin).

Trovo inaccettabile che la violenza costituisca la base di alcune delle nostre abitudini alimentari (Tenzin Gyatso).

La gente mangia carne e pensa che diventerà forte come un bue. Dimenticando che il bue mangia l'erba (Pino Caruso).

Qualsiasi cosa un uomo faccia agli animali, gli verrà ripagata con la stessa moneta (Pitagora).

Gli animali che vivono una vita semplice e libera non muoiono di fame, fra loro non si trovano ricchi e poveri, chi mangia molte volte al giorno e chi non ha da sfamarsi; queste differenze esistono solo in mezzo agli uomini. E tuttavia continuiamo a crederci superiori agli animali (M.K. Gandhi).

Non si può mangiare ciò che ha un volto (Paul McCartney).

Il destino degli animali è indissolubilmente collegato al destino degli uomini (Emile Zola).

Il nostro prossimo è tutto ciò che vive (M.K. Gandhi).

La modernità ha fallito. Bisogna costruire un nuovo umanesimo, altrimenti il pianeta non si salva (Albert Einstein).

Gli animali sono miei amici...e io non mangio i miei amici (George Bernard Shaw).

È vero che l'uomo è il re degli animali, perché la sua brutalità supera la loro. Viviamo grazie alla morte di altri. Già in giovane età ho rinnegato l' abitudine di cibarmi di carne... (Leonardo da Vinci).

In cucina senza problemi

LA COTTURA AL VAPORE

Da mondi lontani ci giungono tecniche e metodi di cottura sempre più all'avanguardia. Una fra le più importanti è antica e preziosa: direttamente dal Giappone alle nostre tavole… la cottura al vapore, sana, gustosa e semplice.
Capace di trattenere al meglio gli elementi nutritivi ed estremamente dietetica, la cottura al vapore è un sistema che può essere impiegato per buona parte degli alimenti, addirittura anche per le uova (se si desiderano à la coque o sode).
Oltre a ravvivare e impreziosire i sapori che restano intensi ma soprattutto naturali, il vapore acqueo ha la proprietà di esercitare sulle cellule degli alimenti una forza che addensa e trattiene le sostanze proteiche, disperdendo quelle grasse. Sali minerali e zuccheri restano intatti, inalterati anche i profumi e gli aromi, grazie alla temperatura che non arriva a raggiungere i 100 °C.
Per la cottura al vapore, sicuramente semplice e veloce, l'unica avvertenza è la quantità di acqua impiegata: non deve essere mai né troppa da toccare i cibi, né poca per evitare che, evaporando, si consumi totalmente. Per rendere ancora più saporiti i vostri cibi si possono aggiungere nell'acqua delle profumatissime spezie che aromatizzeranno il vapore. I cibi vanno adagiati nel cestello quando l'acqua raggiunge l'ebollizione e vanno lasciati cuocere cercando di non scoperchiare spesso: in questo modo il vapore si estenderà in maniera uniforme.
Esistono vari accessori per la cottura al vapore, da semplici pentole con cestelli sovrapponibili alla classica pentola a pressione, da forni a microonde a casseruole con grate forate. Di ultima generazione sono certamente i cestelli in bambù intrecciato che, grazie alle fibre porose, rendono ancora più dolce la cottura. Questo elemento etnico e di tendenza può trasformarsi anche in accessorio decorativo se si utilizza per servire a tavola.

APERITIVO DA VEGETARIANI

Preparare un aperitivo vegetariano è semplice e offre svariate opportunità per un ricco assortimento di gusti e profumi.

Torte salate, pizze, focacce farcite con verdura, uova, formaggio e frutta rappresentano un sostanzioso contributo.
Da non sottovalutare la fantasia di crostini, grissini, bruschette, pane ai cereali tostato, paste sfoglie farcite.
Accostando formaggi cremosi a fette di verdurine o frutta si possono creare gustosissimi stuzzichini apprezzati sempre da tutti: il trucco sta nel contrasto dei sapori, fette di mela con crema di gorgonzola e caprino, formaggi stagionati e saporiti accostati a uva e ananas dolci.
Per un aperitivo più sostanzioso si possono offrire pomodori e verdure fritte in pastella con calzoncini ripieni di spinaci, ricotta e mozzarella filante: un fritto misto per i più golosi!
Un'idea coloratissima e leggera è quella degli spiedini con frutta di stagione e cubetti di formaggio: presentati all'interno di brocche, bicchieri o semplicemente adagiati su un piatto da portata costituiscono un'originale e genuina alternativa ai soliti e usuali spiedini di carne.
Macedonie o insalatine con verdure e frutta fresca, condite in agrodolce o, in alternativa, con le più svariate salse preparate in casa: dagli agrumi all'avocado, dalla classica maionese allo yogurt e, per un tocco di sapore in più, ortaggi sottaceto o sottolio.
E inoltre ci si può sbizzarrire con le uova: frittate di verdure o con spezie aromatiche; uova sode da guarnire a piacere anche con golosissime salsine saporite o delicate.
Per non parlare del piacere del bere: oltre ai vini secchi, bianchi, frizzanti e fruttati, potremmo lasciarci tentare da vitaminiche spremute di agrumi, latte di soia o di cocco, gustosissimi succhi di frutta o di verdura, originalissimi centrifugati di pomodoro, carota e finocchio conditi con sale, pepe e limone, insomma ce n'è davvero per tutti i gusti!

IL FANTASTICO MONDO DELLA FRUTTA

Polposa, farinosa, esotica od oleosa, comunque essa sia, la frutta gioca un ruolo fondamentale per la nostra nutrizione. Ricco concentrato di vitamine e fibre, necessarie per il nostro organismo, è un alimento unico non solo per il mantenimento della salute umana, ma anche per la gioia del palato.

Aromi, sfumature e sapori sempre diversi si intrecciano magicamente in ogni portata: la frutta non solo viene proposta come prevede il galateo per ultima, dopo aver servito il dolce, ma grazie alla versatilità che la contraddistingue è facilmente ritrovabile in antipasti, insalate, primi e secondi, per non parlare dei dessert di macedonia e di pasticceria, per cui questo alimento diventa una pura base di partenza.
Ci si può sbizzarrire al massimo, esaltandone le caratteristiche forme, i colori naturali e i profumi penetranti… ed è così che i classici risotti lasciano il posto a quelli con le fragole, i secondi in agrodolce si servono della dolcezza di ananas o di frutta secca, facilmente impiegabile anche nelle salse, dal semplice pesto a quella di noci.
Servire i formaggi con la classica pera è un'antica tradizione da ricor-

dare, ma se si desidera una portata alternativa, con la mostarda o altre salse piccanti a base di frutta si ottiene un ottimo effetto per un secondo originale e importante.
La frutta esotica ci aiuta a realizzare piatti che rievocano terre lontane, datteri, mandarini cinesi, pistacchi, carabole, litchi e manghi ci accompagnano verso cucine orientali, regalandoci cene ricercate e indimenticabili.
Per non parlare di ananas, bananine, garanà, maracuja, papaia che ci donano succhi di frutta, cocktail e freschissimi concentrati di vitamine.
Ma senza allontanarci eccessivamente, la nostra terra ci offre agrumi di altissima qualità, apprezzabili sotto forma di condimenti, gelatine e creme. E non ultima la frutta secca: immancabile a Natale, rende le feste ancora più golose!

NATURA TUTTA DA BERE

Frullati, succhi, centrifugati e frappé per tutti i gusti, di ogni colore, profumo e densità!
Una sana e dietetica abitudine alimentare ma anche un'integrazione energetica di vitamine, potassio e sali minerali essenziali per il nostro organismo e, soprattutto negli ultimi anni, una vera e propria alternativa ai pasti completi se contenenti frutti proteici come banana e avocado.
Esistono formule varie e fantasiose, in grado di soddisfare anche i più esigenti, frullati a base di frutta e yogurt, succhi, centrifugati freschi sia di frutta che di verdura, gelati (tradizionali o a base di yogurt) da "affogare" in succhi di frutta, frappé con latte vaccino o di soia.
Di sicuro hanno tutti in comune ottime caratteristiche: sono freschi, reidratanti, sani e nutrienti, donano leggerezza e si sostituiscono a pasti inutilmente ed eccessivamente grassi, aumentando un essenziale apporto di liquidi nel nostro organismo, combattendo fame e sete nello stesso momento e preservandoci fra l'altro da molti disturbi, fra i quali la disidratazione e la fastidiosissima cellulite.
Sono fondamentali soprattutto nelle stagioni calde, in particolar modo quando l'esposizione ai raggi solari è maggiormente prolungata e, oltre a una cospicua richiesta di liquidi, il nostro fisico aumenta la produzione di radicali liberi e necessita di vitamine che preservano e aiutano a tener sana ed elastica la pelle.
Facilmente assimilabili, questi sorsi di natura concentrata entrano subito in circolo nel nostro organismo trasformandosi immediatamente in energia: basti pensare che i frullati o i succhi di frutta vengono ancor meglio assorbiti e digeriti rispetto alla frutta intera e i processi di disintossicazione e depurazione sono agevolati.
Alcuni consigli pratici: evitare la dispersione di vitamine e di sali minerali che si ossidano e si disperdono velocemente a contatto con l'aria, consumando i preparati sul momento; è preferibile utilizzare la frutta molto matura: si otterrà un miglior risultato grazie al sapore più zuccherino e se si dolcifica con il miele l'effetto sarà eccellente grazie all'aroma più delicato.

ALCUNI UTENSILI...

Indispensabili per facilitare la preparazione dei piatti, gli utensili sono compagni prestigiosi che ci consentiranno di ottenere con minor tempo e fatica ottimi risultati per una presentazione da "veri cuochi"!

Per le verdure importantissimi sono i mixer che centrifugano omogeneamente, i taglieri che permettono un taglio più preciso e si prestano come ottimi piatti da portata, i pelapatate per la precisione della spellatura e i tagliauova per fette sempre uguali.

I coltelli possono sembrare poco rilevanti ma, soprattutto per i formaggi, la scelta mirata mantiene inalterata la struttura e il sapore dell'alimento. Per i formaggi a pasta molle la lama dev'essere essenzialmente sottile, evitando così di irrompere eccessivamente schiacciando le fette.

Per i formaggi a pasta dura invece la lama ideale è larga, triangolare o a forma di trapezio, spesso a doppia impugnatura per agevolare il taglio.

Lo stesso concetto è valevole per le verdure, più sono dure, più un coltello a lama larga faciliterà l'incisione. Per gli ortaggi sottili e teneri, invece, la lama dovrà essere più sottile. Utilizzare le grattugie aiuta a realizzare ottime insalate.

Per la lavorazione della pasta fresca, delle pizze e delle focacce, invece, sono utili strumenti quali matterelli e spianatoie o impastatrici. Sicuramente la realizzazione a mano favorisce una ruvidezza donata dal legno che agevola l'assorbimento dei sughi e quindi è in grado di rendere un piatto più rustico e apprezzabile. L'impastatrice, d'altro canto, è sicuramente più veloce, ma dev'essere controllata costantemente assicurandosi che impasti omogeneamente.

Per i dolci sono utili stampi di diversi formati, teglie antiaderenti con bordi di 3,5 cm circa, rotelle per il taglio degli impasti, tasche da pasticcere per decorare o riempire e spatole per spalmare facilmente.

Servire con stile

Per esaltare al massimo una tavola costituita da portate vegetariane bisogna puntare sull'essenza degli elementi che necessariamente devono richiamare quello primario: la natura.
Composizioni floreali, tovaglioli legati con la rafia, stoviglie scolpite in legno o terrecotte semplici e lineari oppure con motivi in stile liberty che rievocano fiori e foglie potranno abbellire in maniera unica la vostra tavola.
In base al tema della serata, poi, si possono appoggiare sulla tavola piccole ciotoline con spezie all'interno che emetteranno piacevoli e naturalissimi aromi per tutto il tempo del ricevimento, oltre a soddisfare appieno le esigenze degli ospiti.
Erbe aromatiche o centritavola con frutta di stagione richiameranno l'incontro con la natura e l'armonia con la terra e regaleranno alla tavola e ai commensali energia e senso di piacere.
Una particolare attenzione si potrà dedicare ai segnaposto, servendosi di spighe o foglioline come base e allegando altri elementi in relazione al tema proposto per la cena.
Nel pieno rispetto della natura, come da base della cucina vegetariana, si dovrà rispettare la ciclicità delle stagioni.
In estate sulle nostre tavole non possono mancare i fiori: protagonisti immancabili incensi ed essenze penetranti come quelle al gelsomino o alle rose, colori accesi e solari, tovaglie bianche che esalteranno i toni caldi della natura nella sua massima espressione di vita. In primavera ci si potrà servire di gemme in grandi vasi a delicate tinte pastello o in vetro trasparente, piccoli fiori che cominciano a sbocciare, rametti di lavanda, violette o fiorellini di camomilla. In autunno si potranno utilizzare grappoli d'uva, castagne, cestini con funghi, melograni, ghiande, foglie di quercia e, sparse sulla tovaglia, bacche, candele con all'interno foglie coloratissime e, non per ultime, le zucche. In inverno i colori penetranti dell'oro e del rosso del Natale rievocheranno l'atmosfera delle feste; i rami di pungitopo o di abete imbandiranno le tavole con un sottofondo all'essenza di cannella, vaniglia o cacao, tipici dei dolci natalizi e, insieme ad agrumi e frutta secca, saranno altri motivi tipici e naturalmente idonei alla stagione.

RICETTARIO

PREPARAZIONE: 30 minuti
COTTURA: 30 minuti
DIFFICOLTÀ: media

Bruschetta agli champignon

Per ogni porzione
- Kcal 421
- protidi 11,5 g
- lipidi 12,5 g
- carboidrati 70,25 g

Ingredienti per 4 persone
- 400 g di pane da bruschetta (8 fette)
- 200 g di champignon
- 80 g di formaggio fresco
- 80 ml di panna fresca (al 20% di grasso)
- 20 ml di olio extravergine di oliva
- 1 scalogno
- 1 spicchio di aglio
- prezzemolo
- sale, pepe

Lavare e affettare i funghi. Soffriggere lo spicchio di aglio in olio extravergine di oliva fino a farlo dorare. Aggiungere lo scalogno finemente tritato e lasciar appassire.

Far rosolare i funghi per circa 15-20 minuti e aggiustare di sale e pepe a piacere.

Verso fine cottura, cospargere con prezzemolo fresco ben tritato.

Ammorbidire il formaggio fresco e tritare nel mixer i funghi. Amalgamare il tutto.

Aggiungere la panna e mescolare fino a raggiungere un composto omogeneo da disporre sulle fette di pane, dopo averle ben tostate.

I funghi sono ricchi di potassio e di rame, fonte di sali minerali. Nell'antichità venivano utilizzati per le ottime proprietà terapeutiche e medicinali.
Considerato l'alto apporto vitaminico e il basso contenuto calorico, sono amici delle diete anche per la loro ricchezza di acqua e di fibre.

PREPARAZIONE: 10 minuti
DIFFICOLTÀ: bassa

Germogli in insalata

Per ogni porzione
- Kcal 190
- protidi 3,25 g
- lipidi 16,75 g
- carboidrati 7 g

Ingredienti per 4 persone
- 150 g di germogli di soia
- 50 g di foglie di lattughino
- 30 g di uvetta
- 30 g di gherigli di noce
- 20 g di pinoli
- 40 ml di olio extravergine di oliva
- 1 limone (o aceto o 1 arancia)
- 1 mela
- sale

Lavare bene il lattughino e i germogli di soia, quindi unirli ai gherigli di noce e alla mela, dopo averla tagliata a cubetti. Condire il tutto con succo di limone, uvetta, pinoli, olio e sale.

A piacere, si può sostituire il limone con l'aceto o con il succo di arancia.

I germogli di soia fanno parte della categoria "legumi", pertanto sono ricchi di proteine e famosi perché riducono notevolmente i livelli di colesterolo e trigliceridi. Ottimi per prevenire i disturbi coronari e circolatori.

PREPARAZIONE: 30 minuti
COTTURA: 20 minuti
DIFFICOLTÀ: media

Pomodori ripieni

Per ogni porzione
- Kcal 279
- protidi 10,5 g
- lipidi 16 g
- carboidrati 24,75 g

Ingredienti per 4 persone
- 4 pomodori maturi
- 80 g di riso integrale
- 30 g di parmigiano
- 40 ml di olio extravergine di oliva
- 2 uova
- 2 cucchiai di pangrattato
- prezzemolo
- sale

Far bollire il riso integrale in acqua salata e scolarlo ancora al dente.

Lavare e tagliare i pomodori a metà in senso orizzontale, quindi svuotarli conservandone il succo e la polpa.

In una terrina sbattere le uova e la polpa avanzata del pomodoro con il parmigiano e il prezzemolo. Aggiungere il riso. Quando il composto sarà ben omogeneo, riempire i pomodori e cospargerli con il pangrattato per la doratura.

Aggiungere un filo di olio di oliva e passare in forno per 10 minuti.

Preparazione: 40 minuti
Cottura: 20 minuti
Difficoltà: media

Carciofi gratinati al forno

Per ogni porzione
- Kcal 344
- protidi 15 g
- lipidi 22,75 g
- carboidrati 21,25 g

Ingredienti per 4 persone
- 8 carciofi
- 50 g di pangrattato
- 80 ml di olio extravergine di oliva
- 3 cucchiai di parmigiano
- 2 uova
- 1 spicchio di aglio
- 1 limone
- prezzemolo tritato
- sale

Privare i carciofi delle punte e delle foglie più dure, svuotarli in centro del fieno e conservarli in acqua e limone per 15 minuti. Sbattere le uova con il pangrattato, il parmigiano e lo spicchio di aglio finemente tritato.

Adagiare il composto sui carciofi, inserendolo anche tra le foglie.

Aggiungere a piacere il sale e per finire il prezzemolo e l'olio.

Infornare a 180 °C per 20 minuti.

I carciofi hanno un potere disintossicante che agisce soprattutto sul fegato e sui reni; sono, infatti, ottimi "depuratori" del sangue e fanno abbassare il livello di colesterolo e di acido urico.

PREPARAZIONE: 30 minuti
COTTURA: 15 minuti
DIFFICOLTÀ: media

Crostini al formaggio

Per ogni porzione
- Kcal 546
- protidi 16,5 g
- lipidi 41,25 g
- carboidrati 28,5 g

Ingredienti per 4 persone
- 250 g di pasta sfoglia
- 150 g di gorgonzola piccante
- 50 g di fontina dolce
- 300 ml di latte scremato
- sale

Ricoprire di pasta sfoglia alcuni stampi per pasticcini e adagiare su una placca da forno.

Far scaldare il latte e fondere insieme i formaggi continuando a mescolare con una frusta.

Riempire gli stampini con la salsa di formaggio fuso ottenuta e infornare per 15 minuti a 200 °C.

Sfornare, eliminare gli stampi e porre su una gratella a raffreddare.

Servire tiepidi.

Uova farcite con salsa verde

Preparazione: 30 minuti
Cottura: 10 minuti
Difficoltà: media

Per ogni porzione
- Kcal 295
- protidi 15,75 g
- lipidi 25,25 g
- carboidrati 1,32 g

Ingredienti per 4 persone
- 8 uova
- 50 g di olive verdi denocciolate
- 10 g di capperi
- 40 ml di olio extravergine di oliva
- 1 porro
- prezzemolo
- sale

Cuocere le uova per 8-10 minuti dal bollore.

Nel frattempo tagliare il porro grossolanamente e passarlo nel mixer insieme alle olive e ai capperi.

Mescolare il tutto con l'olio extravergine di oliva fino a ottenere un composto omogeneo.

Aggiungere il sale e il prezzemolo.

Tagliare a metà per il lungo le uova sode, recuperare il tuorlo e mescolarlo al composto.

Riempire le mezze uova con la farcia.

Involtini di verza al formaggio

Preparazione: 15 minuti
Cottura: 25 minuti
Difficoltà: media

Per ogni porzione
- Kcal 310
- protidi 11,5 g
- lipidi 12,25 g
- carboidrati 28,5 g

Ingredienti per 4 persone
- 8 foglie di verza
- 50 g di fontina
- 50 g di emmental
- 150 g di pane in cassetta (3 fette)
- 250 ml di vino bianco
- 125 ml di latte scremato
- 20 ml di olio extravergine di oliva
- mezza cipolla
- timo
- rosmarino
- sale

Cuocere al vapore per 2 minuti le foglie di verza, aromatizzando l'acqua con il timo e il rosmarino.

Ammorbidire le fette di pane nel latte e strizzarle bene.

Passare nel mixer i due formaggi e aggiungerli al pane, quindi frullare nel mixer tutti gli ingredienti.

Riempire le foglie di verza con il composto ottenuto e chiuderle a formare un involtino utilizzando alcuni stecchini o un po' di filo da cucito.

Far soffriggere in una padella antiaderente mezza cipolla in 2 cucchiai di olio e adagiarvi gli involtini. Spruzzare con il vino bianco e cuocere a fuoco lento fino a farlo evaporare completamente. Disporre su un piatto da portata e servire.

PREPARAZIONE: 30 minuti
DIFFICOLTÀ: media

Pinzimonio di salsa di yogurt

Per ogni porzione
- Kcal 191
- protidi 7 g
- lipidi 12,25 g
- carboidrati 13,75 g

Ingredienti per 4 persone
- 200 ml di yogurt magro
- 2 zucchine
- 2 carote
- 2 coste di sedano
- 1 finocchio
- 1 uovo
- mezzo peperone rosso
- mezzo peperone giallo
- mezzo limone spremuto
- 4 cucchiai di olio extravergine di oliva
- sale

Lavare e tagliare le verdure in senso verticale, asciugare e posizionare in un bicchiere.

Preparare la salsa di yogurt sbattendo con una frusta l'uovo con il succo di limone e il sale. Amalgamare poco alla volta l'olio e lo yogurt magro, sbattendo sempre delicatamente per non smontare il composto.

Raggiunta una cremosità omogenea, versare in piccole ciotole e servire con le verdure separate.

Preparazione: 30 minuti
Cottura: 20 minuti
Difficoltà: media

Verdurine in pastella

Per ogni porzione
- Kcal 481
- protidi 14 g
- lipidi 30,75 g
- carboidrati 31,75 g

Ingredienti per 4 persone
- 4 carciofi
- 2 zucchine
- 1 melanzana
- 1 pomodoro verde
- 100 g di farina bianca
- 600 ml di birra
- 3 uova
- olio per friggere
- sale

Lavare le verdure e tagliarle a fette alte circa mezzo centimetro.

Preparare la pastella sbattendo le uova con una frusta e aggiungendo man mano la farina setacciata e la birra. Passare le verdure nella farina prima di immergerle nella pastella e friggere in abbondante olio.

Scolare dall'olio e passare su un foglio di carta assorbente per eliminare l'eccesso di unto.

Salare e servire.

Per rendere il fritto più leggero, si consiglia l'olio di semi di soia.

PREPARAZIONE: 40 minuti
COTTURA: 10 minuti
DIFFICOLTÀ: alta

Biscotti gustosi al formaggio

Per ogni porzione
- Kcal 810
- protidi 25,75 g
- lipidi 53,25 g
- carboidrati 60,5 g

Ingredienti per 4 persone
- 300 g di farina
- 175 g di burro
- 150 g di formaggio emmental
- 50 g di parmigiano
- 1 uovo
- semi di sesamo o papavero
- sale

Passare nel mixer l'emmental e il parmigiano e fondere il burro. Unire i formaggi alla farina setacciata, aggiungere l'uovo intero e impastare il tutto fino a ottenere un composto morbido.

Con un matterello stendere l'impasto in una sfoglia di massimo 1 cm di spessore su una placca ricoperta di carta da forno.

Servendosi di formine diverse, tagliare l'impasto fino a esaurirlo in modo da ottenenere tanti biscotti.

Spolverizzare con i semini di sesamo o di papavero e infornare a 180 °C per 10 minuti.

Preparazione: 30 minuti
Cottura: 40 minuti
Difficoltà: media

Involtini di verdure

Per ogni porzione
- Kcal 756
- protidi 10,75 g
- lipidi 53,5 g
- carboidrati 57 g

Ingredienti per 4 persone
- 500 g di verdure miste di stagione (carote, cavolo cappuccio, piselli, fagiolini, porro)
- 4 rotoli di pasta sfoglia (di formato quadrato o rettangolare)
- 500 ml di brodo vegetale
- 100 ml di vino bianco
- olio extravergine di oliva
- timo
- salvia
- sale, pepe

Lavare tutte le verdure, tenendole separate.

Grattugiare le carote, affettare finemente il porro e il cavolo cappuccio e tagliare a pezzetti i fagiolini.

Far soffriggere il porro, unire i piselli e i fagiolini e aggiungere, dopo 10 minuti, le verdure più sottili come la carota grattugiata e il cavolo.

Far cuocere il tutto con il vino bianco e il brodo vegetale per altri 20 minuti.

Aggiungere gli aromi, coprire con un coperchio e lasciar cuocere fino a completa evaporazione. Lasciare raffreddare.

Stendere la pasta sfoglia e tagliarla per il lungo in due parti uguali. Riempire alcuni quadrati con le verdure e ripiegarli su se stessi. Tagliarli e adagiarli su una placca da forno ricoperta di carta forno.

Ripetere l'operazione fino a esaurire la sfoglia.

Informare per 20 minuti a 200 °C. Servire ben caldi, appena tolti dal forno.

PREPARAZIONE: 20 minuti
COTTURA: 12 minuti
DIFFICOLTÀ: media

Insalatina greca

Per ogni porzione
- Kcal 243
- protidi 14,25 g
- lipidi 17,25 g
- carboidrati 8,25 g

Ingredienti per 4 persone
- 4 pomodori
- 3 cetrioli
- 1 cipolla rossa
- 1 peperone giallo
- 200 g di feta
- 2 uova sode
- 4 cucchiai di yogurt greco
- 1 cucchiaio di aceto
- olive nere (a piacere)
- origano
- sale

Far bollire le uova sode e sgusciarle, dopo averle fatte raffreddare.

Tagliare le uova a fettine. Lavare e tagliare le verdure, affettare la cipolla e disporre tutto in una insalatiera. Condire con aceto e yogurt greco.

Servire con feta tagliata a fettine e guarnire a piacere con olive nere.

Salare e spolverizzare con l'origano.

La feta è il tipico formaggio della Grecia. Viene preparato con latte di pecora e capra, pertanto ha la caratteristica di essere particolarmente acido. La maturazione avviene in salamoia: è bianco e senza crosta e viene servito a fette.

PREPARAZIONE: 40 minuti
COTTURA: 15 minuti
DIFFICOLTÀ: media

Crema di zucchine e piselli con crostini

Per ogni porzione
- Kcal 345
- protidi 11,75 g
- lipidi 22,5 g
- carboidrati 0,25 g

Ingredienti per 4 persone
- 4 grosse zucchine
- 400 g di piselli
- crostini (a piacere)
- 4 scalogni
- 100 ml di panna da cucina (al 20% di grasso)
- erba cipollina
- olio di oliva
- sale

Lavare e tagliare le zucchine a pezzi grossi.

In una pentola lessare per circa 6-7 minuti, in acqua leggermente salata, le zucchine, gli scalogni tagliati grossolanamente e i piselli sgusciati.

Scolare il tutto e ridurre in crema con il passaverdure o con il mixer.

Trasferire in una casseruola e unire la panna da cucina. Amalgamare a fuoco basso per circa 5 minuti.

Trasferire nei piatti, irrorando con olio extravergine di oliva e spolverizzare con un mazzetto di erba cipollina sminuzzata.

Servire caldo con crostini.

Se lo si desidera, si possono preparare i crostini in casa, basta tagliare a dadini qualche fetta di pane bianco raffermo dopo aver eliminato la crosta, facendoli dorare in una padella con poco olio, a fuoco vivace, per 4-5 minuti. Infine, togliere dalla padella e mettere ad asciugare su fogli di carta assorbente.

Preparazione: 10 minuti
Cottura: 25 minuti
Difficoltà: media

Vellutata di piselli alla menta

Per ogni porzione
- Kcal 280
- protidi 11,75 g
- lipidi 11,75 g
- carboidrati 33,25 g

Ingredienti per 4 persone
- 500 g di piselli
- menta
- 20 g di burro
- 1 litro di brodo vegetale
- 2 porri
- 1 carota
- prezzemolo
- crostini (per servire)
- sale, pepe

Lavare, raschiare e tagliare a pezzi la carota e i porri.

Far soffriggere il burro e unire gli aromi.

Aggiungere i piselli, la carota e i porri. Unire il brodo e lasciare bollire a fuoco moderato per 20 minuti.

Lasciar raffreddare e passare nel mixer.

Prima di servire far scaldare per qualche minuto.

Preparazione: 10 minuti
Cottura: 1 ora e 10 minuti
Difficoltà: media

Vellutata di patate e porri

Per ogni porzione
- Kcal 352
- protidi 0,25 g
- lipidi 13,25 g
- carboidrati 51,75 g

Ingredienti per 4 persone
- 5 patate di media grandezza
- 3 porri
- 500 ml di latte scremato
- 500 ml di acqua
- 50 g di burro
- sale

Tagliare le patate a piccoli dadini e affettare i porri.

Far soffriggere il burro e aggiungere le verdure. Unire il latte e l'acqua, salare e far cuocere per circa un'ora.

Quando le patate saranno ben morbide, togliere dal fuoco e tritare tutto nel mixer.

Servire caldo con crostini tostati.

Minestra antica

PREPARAZIONE: 20 minuti + 30 minuti per l'ammollo del farro
COTTURA: 40 minuti
DIFFICOLTÀ: media

Per ogni porzione
- Kcal 200
- protidi 6,25 g
- lipidi 11 g
- carboidrati 19 g

Ingredienti per 4 persone
- 300 g di funghi misti
- 150 g di zucca
- 100 g di farro
- 1 litro di brodo vegetale
- 40 ml di olio extravergine di oliva
- 2 cipolle
- 2 spicchi di aglio
- 1 carota
- 1 costa di sedano
- 1 cucchiaino di rosmarino
- sale, pepe

Lasciare a bagno il farro per circa 30 minuti, quindi sciacquarlo eliminando le impurità.

Far soffriggere in olio extravergine di oliva le cipolle e l'aglio tagliati grossolanamente.

Lavare molto bene i funghi e tagliarli a fette. Aggiungerli al soffritto lasciandoli rosolare a fuoco basso per 15 minuti circa fino a quando non sarà evaporato il liquido rilasciato dai funghi.

Lavare e tagliare a pezzetti la zucca, quindi unirla ai funghi insieme al farro.

Mescolare per qualche minuto aggiungendo poco alla volta tutto il brodo. Lasciar cuocere a fuoco lento per circa 20 minuti.

A fine cottura, aggiungere un filo di olio crudo.

Minestrina di ceci

PREPARAZIONE: 30 minuti + 12 ore per l'ammollo dei ceci
COTTURA: 2 ore e 20 minuti
DIFFICOLTÀ: media

Per ogni porzione
- Kcal 248
- protidi 10 g
- lipidi 12,25 g
- carboidrati 25,75 g

Ingredienti per 4 persone
- 180 g di ceci secchi
- 30 g di polpa di pomodoro
- 250 ml di brodo vegetale
- 40 ml di olio extravergine di oliva
- 1 cipolla
- sale

Lasciare i ceci per un'intera notte in ammollo. Sciacquarli e bollirli in acqua salata per circa 2 ore, controllando che siano morbidi prima di scolarli.

Soffriggere la cipolla in olio extravergine, unire la polpa di pomodoro e salare. Aggiungere il brodo e i ceci e lasciar cuocere per 20 minuti circa.

A piacere, si può servire con la pasta.

Minestra rustica alla zucca

PREPARAZIONE: 20 minuti +12 ore per l'ammollo dei ceci
COTTURA: 2 ore e 30 minuti
DIFFICOLTÀ: media

Per ogni porzione
- Kcal 164
- protidi 7 g
- lipidi 6,25 g
- carboidrati 21,25 g

Ingredienti per 4 persone
- 150 g di zucca
- 100 g di ceci secchi
- 500 ml di brodo vegetale
- 20 ml di olio extravergine di oliva
- 1 porro
- 1 carota
- 1 costa di sedano
- 1 spicchio di aglio
- 1 cucchiaino di rosmarino, timo e salvia essiccati
- sale, pepe

Lasciare a bagno in acqua calda i ceci per una notte. Versarli in acqua fredda e lessarli per circa 2 ore.

Far soffriggere in olio extravergine di oliva lo spicchio di aglio finemente tritato e gli aromi.

Tagliare a piccoli pezzi la carota e il sedano. Affettare il porro e la zucca.

Aggiungere il tutto al soffritto, quindi unire i ceci.

Unire tutto il brodo e lasciar cuocere a fuoco vivace per 20 minuti circa.

Frullare con il mixer ad immersione. Verificare la sapidità.

A fine cottura, aggiungere un po' di olio crudo.

Minestra di farro e legumi

Preparazione: 20 minuti + 1 ora per l'ammollo del farro e dei legumi
Cottura: 1 ora
Difficoltà: media

Per ogni porzione
- Kcal 257
- protidi 13 g
- lipidi 6,5 g
- carboidrati 37,75 g

Ingredienti per 4 persone
- 100 g di farro
- 100 g di fagioli
- 50 g di lenticchie
- 250 ml di brodo vegetale
- 20 ml di olio extravergine di oliva
- 2 scalogni
- sale

Lasciare a bagno le lenticchie, il farro e i fagioli per circa un'ora. Versarli in acqua fredda e lessarli per 45 minuti circa.

Soffriggere nell'olio extravergine di oliva gli scalogni affettati e aggiungere i legumi sciacquati e scolati.

Mescolare e unire un cucchiaio di salsa di pomodoro e il brodo. Salare e lasciar cuocere a fuoco lento per 20 minuti circa.

Servire caldo con un filo di olio crudo.

PREPARAZIONE: 20 minuti
COTTURA: 25 minuti
DIFFICOLTÀ: media

Per ogni porzione
- Kcal 502
- protidi 22,5 g
- lipidi 20,75 g
- carboidrati 59,25 g

Ingredienti per 4 persone
- 1 verza
- 300 g di pane tostato (8 fette)
- 200 g di provola affumicata
- 50 g di burro
- 500 ml di brodo vegetale
- 1 spicchio di aglio
- mezza cipolla
- sale, pepe

Zuppa di verza con pane alla provola

Lavare e tagliare la verza a striscioline. Affettare l'aglio e la cipolla e farli soffriggere nel burro fuso.

Aggiungere la verza al soffritto e lasciarla appassire per 5 minuti.

Unire il brodo e lasciare cuocere per circa 15 minuti fino a quando la verza non risulterà morbida.

Tostare le fette di pane con la provola su una griglia o in forno ben caldo.

Servire su un vassoio il pane con il formaggio fuso e, a parte, in una zuppiera la minestra di verza.

PREPARAZIONE: 30 minuti + 8 ore per l'ammollo della soia e dei cannellini
COTTURA: 1 ora
DIFFICOLTÀ: media

Per ogni porzione
- Kcal 274
- protidi 18,75 g
- lipidi 10,75 g
- carboidrati 27,25 g

Ingredienti per 4 persone
- 150 g di soia
- 150 g di fagioli cannellini
- 250 ml di brodo vegetale
- 20 ml di olio extravergine di oliva
- 2 cucchiai di miso
- 1 spicchio di aglio
- sale, pepe

Zuppa di soia e cannellini

Lasciare a bagno in acqua la soia e i cannellini per 8 ore circa.

Far soffriggere in olio extravergine uno spicchio di aglio finemente tritato e aggiungere la soia e i fagioli. Lasciare cuocere a fuoco basso per 45 minuti con il brodo vegetale.

A fine cottura, aggiungere il miso stemperato in una tazza di brodo caldo e mescolare con la pentola ancora sul fuoco. Salare e pepare.

Servire caldo con un filo di olio crudo.

PREPARAZIONE: 20 minuti
COTTURA: 45 minuti
DIFFICOLTÀ: media

Zuppa di cipolle

Per ogni porzione
- Kcal 286
- protidi 4 g
- lipidi 20,5 g
- carboidrati 23 g

Ingredienti per 4 persone
- 1 kg di cipolle bianche
- 1 litro di brodo vegetale
- 80 ml di olio extravergine di oliva
- 1 carota
- 1 costa di sedano
- sale, pepe

Lavare e tagliare la carota e il sedano a dadini.

Tagliare le cipolle a fette.

Far scaldare l'olio in una casseruola, aggiungere le verdure e mescolare per qualche minuto.

Lasciar cuocere e, di tanto in tanto, aggiungere un mestolo di brodo fino a esaurirlo.

La cottura dovrà essere di circa 35-40 minuti in totale, fino a ottenere una zuppa piuttosto liquida. Salare e pepare a piacere.

Servire caldo.

PREPARAZIONE: 20 minuti
COTTURA: 45 minuti
DIFFICOLTÀ: media

Zuppa di fave e pomodori

Per ogni porzione
- Kcal 151
- protidi 6,25 g
- lipidi 10,25 g
- carboidrati 9,25 g

Ingredienti per 4 persone
- 400 g di fave fresche sgranate
- 100 g di polpa di pomodoro
- 40 ml di olio extravergine di oliva
- 1 cipolla
- 1 spicchio di aglio
- prezzemolo fresco
- sale

Far soffriggere in olio extravergine di oliva la cipolla finemente tagliata e lo spicchio di aglio intero. Unire la polpa di pomodoro.

Aggiungere le fave con due bicchieri di acqua e lasciar cuocere per circa 30 minuti con il coperchio.

A cottura ultimata, togliere lo spicchio di aglio e spolverizzare con prezzemolo fresco.

Verificare la sapidità prima di servire.

PREPARAZIONE: 50 minuti + 12 ore per l'ammollo delle lenticchie

COTTURA: 40 minuti

DIFFICOLTÀ: media

Per ogni porzione

- Kcal 404
- protidi 11 g
- lipidi 23,5 g
- carboidrati 38,75 g

Ingredienti per 4 persone

- 400 g di porri
- 100 g di lenticchie
- 250 g di patate
- 60 ml di olio extravergine di oliva
- alloro
- crostini (a piacere)
- sale

Crema di porri e lenticchie

Lasciare in ammollo le lenticchie in acqua fredda per 12 ore, quindi scolarle e farle cuocere per circa 20 minuti in una pentola con un litro di acqua salata.

Sbucciare e tagliare le patate a cubetti.

Far soffriggere 2-3 foglie di alloro in olio extravergine di oliva, aggiungere le patate e lasciar cuocere a fuoco lento.

Unire anche i porri, dopo averli tagliati a fettine sottili, insieme a due bicchieri di acqua.

Dopo 10 minuti aggiungere le lenticchie e continuare a cuocere il tutto a fuoco lento per altri 10 minuti. Salare.

Togliere l'alloro e frullare la zuppa con il mixer fino a ottenere una crema omogenea.

Servire calda, con un filo di olio extravergine di oliva, accompagnandola, a piacere, con crostini.

Fusilli al pistacchio

Preparazione: 10 minuti
Cottura: 10 minuti
Difficoltà: bassa

Per ogni porzione
- Kcal 491
- protidi 17 g
- lipidi 12 g
- carboidrati 84,25 g

Ingredienti per 4 persone
- 100 g di pistacchi
- 400 g di fusilli
- 40 g di parmigiano (a piacere)
- 3 cucchiai di panna da cucina (al 20 % di grasso)
- brodo vegetale
- olio extravergine di oliva
- 1 cipolla
- sale

Affettare una cipolla e soffriggerla in olio extravergine di oliva.

Tritare nel mixer i pistacchi e aggiungerli al soffritto. Unire un mestolo di brodo vegetale e farlo evaporare per 5 minuti a fuoco lento. Amalgamare la panna e far cuocere ancora per qualche minuto. Aggiustare di sale.

Lessare la pasta in abbondante acqua salata e, a cottura ultimata, condire con la crema di pistacchi. Spolverizzare, a piacere, con parmigiano.

Farfalle primavera

Preparazione: 10 minuti
Cottura: 10 minuti
Difficoltà: bassa

Per ogni porzione
- Kcal 503
- protidi 12,25 g
- lipidi 17,25 g
- carboidrati 79,75 g

Ingredienti per 4 persone
- 320 g di farfalle
- 80 g di olive nere denocciolate
- 50 g di ricotta salata
- 250 ml di passata di pomodoro
- 40 ml di olio extravergine di oliva
- 1 cipolla
- 1 peperoncino verde
- sale

Soffriggere la cipolla in olio extravergine di oliva e aggiungere le olive nere snocciolate e il peperoncino intero. Unire la passata di pomodoro con un pizzico di sale e cuocere a fuoco lento.

Lessare la pasta in abbondante acqua salata.

A cottura ultimata, far saltare la pasta per alcuni minuti con la salsa ottenuta.

Porre la pasta nei piatti e cospargere con la ricotta salata grattugiata.

Tagliatelle orientali

Preparazione: 20 minuti
Cottura: 10 minuti
Difficoltà: media

Per ogni porzione
- Kcal 430
- protidi 17 g
- lipidi 2,5 g
- carboidrati 90,75 g

Ingredienti per 4 persone
- 400 g di tagliatelle all'uovo
- 80 g di cavolo cappuccio
- 100 ml di salsa di soia
- 2 porri
- 2 carote
- 1 scatola di germogli di soia
- sale

Cuocere le tagliatelle in acqua salata molto al dente.

Affettare i porri e il cavolo cappuccio. Grattugiare le carote. Scolare i germogli di soia.

Far scaldare un po' di salsa di soia (circa la metà) in una padella antiaderente, quindi aggiungere le verdure facendole saltare in padella a fuoco vivace per 5 minuti.

Condire le tagliatelle e aggiungere la salsa di soia rimasta, continuando a mescolare nella padella fino a quando la soia si sia asciugata.

Orecchiette fresche estive

Preparazione: 20 minuti
Cottura: 10 minuti
Difficoltà: media

Per ogni porzione
- Kcal 677
- protidi 22,5 g
- lipidi 28,5 g
- carboidrati 88 g

Ingredienti per 4 persone
- 400 g di orecchiette
- 200 g di pomodori ciliegino
- 200 g di bocconcini di mozzarella
- 80 ml di olio extravergine di oliva
- 2 zucchine
- 4 foglie di basilico fresco
- sale

Cuocere le orecchiette e lasciarle raffreddare.

Lavare i pomodorini e tagliarli a metà.

Unire le mozzarelline, dopo averle scolate, e condire con l'olio extravergine di oliva, il sale e il basilico tagliato grossolanamente.

Tagliare a rondelle le zucchine e farle soffriggere con un filo di olio in una padella antiaderente.

Condire la pasta raffreddata con le zucchine e il condimento precedentemente preparato.

Mescolare bene il tutto, aggiungendo un po' di olio, se necessario, e servire a temperatura ambiente.

Preparazione: 20 minuti
Cottura: 30 minuti
Difficoltà: media

Penne alla crema di asparagi

Per ogni porzione
- Kcal 506
- protidi 11,25 g
- lipidi 20,25 g
- carboidrati 74,25 g

Ingredienti per 4 persone
- 350 g di penne
- 250 g di asparagi
- 80 ml di olio extravergine di oliva
- 1 spicchio di aglio
- sale

Lavare e cuocere al vapore gli asparagi per circa 20 minuti, quindi tagliarli grossolanamente.

In una padella far soffriggere lo spicchio di aglio in olio extravergine di oliva, unire gli asparagi e lasciarli cuocere per 5 minuti con un bicchiere di acqua. Salare.

Far raffreddare gli asparagi, quindi frullarli nel mixer con il liquido di cottura. Rimettere la crema nella padella.

Cuocere la pasta e condire con la crema di asparagi, mescolando per qualche minuto. Aggiungere un filo di olio crudo prima di servire.

Preparazione: 50 minuti
Cottura: 40 minuti
Difficoltà: media

Trofie al pesto con fave fresche

Per ogni porzione
- Kcal 784
- protidi 28 g
- lipidi 46,25 g
- carboidrati 65,75 g

Ingredienti per 4 persone
- 400 g di trofie fresche
- 250 g di fave fresche (private del baccello o surgelate)
- 100 g di basilico
- 80 g di pinoli
- 80 g di parmigiano o pecorino
- 50 ml di panna da cucina (al 20% di grasso) o 50 g di ricotta morbida
- 40 ml di olio extravergine di oliva
- 2 spicchi di aglio
- sale

Preparare il pesto, mettendo nel mixer le foglie di basilico lavato e asciugato, i pinoli, l'aglio, il parmigiano a pezzetti e la panna (o, se si preferisce, la ricotta).

Tritare il tutto fino a ottenere un composto cremoso, ma non troppo denso.

Ungere una padella con un po' di olio e trasferirvi il pesto.

Lessare in acqua leggermente salata le fave fresche per circa 7 minuti. Scolarle e unirle al pesto, amalgamando il tutto a fuoco spento.

Lessare le trofie in acqua salata, scolarle e unirle al condimento nella padella. Far saltare il tutto a fuoco vivace per 3-4 minuti, mescolando bene.

Togliere dal fuoco e servire caldo.

Preparazione: 1 ora
Cottura: 30 minuti
Difficoltà: media

Pasta estiva con verdure grigliate

Per ogni porzione

- Kcal 516
- protidi 13 g
- lipidi 15,5 g
- carboidrati 86,75 g

Ingredienti per 4 persone

- 400 g di pasta corta (tipo fusilli o farfalle)
- 150 g di pomodorini pachino
- 2 grosse zucchine
- 1 grossa melanzana
- 1 mazzetto di prezzemolo (50 g ca.)
- 2 spicchi di aglio
- olio extravergine di oliva
- sale

Tagliare per il lungo e a fette sottili le melanzane e le zucchine, quindi grigliarle.

Tritare il prezzemolo grossolanamente e tagliare a striscioline le verdure grigliate.

Preparare la marinatura con sei cucchiai di olio extravergine di oliva, gli spicchi di aglio interi e il prezzemolo.

Tagliare a metà i pomodorini e mettere a marinare con le verdure.

Mescolare il tutto e lasciare riposare almeno un'ora.

Cuocere la pasta al dente, scolarla e aggiungerla alle verdure.

Mescolare e lasciare raffreddare per almeno 30 minuti.

Togliere gli spicchi di aglio prima di servire.

Per ottenere un piatto fresco e unico si possono aggiungere alle verdure alcuni bocconcini di mozzarella di bufala, avendo cura di salarla leggermente e tagliarla, in modo da farle perdere buona parte dell'acqua, evitando così di "diluire" il condimento.

Preparazione: 30 minuti
Cottura: 10 minuti
Difficoltà: media

Linguine al pesto tricolore

Per ogni porzione
- Kcal 787
- protidi 28,25 g
- lipidi 38 g
- carboidrati 88,25 g

Ingredienti per 4 persone
- 400 g di linguine
- 150 g di basilico
- 150 g di fagiolini
- 150 g di pomodorini secchi
- 120 g di pinoli
- 150 g di ricotta morbida
- 50 g di parmigiano o pecorino
- olio extravergine di oliva
- 2 spicchi di aglio
- sale

Preparare il pesto frullando nel mixer il basilico lavato e asciugato, i pinoli, l'aglio, due o tre cucchiai di olio e il parmigiano o pecorino a pezzetti.

Ungere una padella con un cucchiaio di olio e trasferirvi il pesto.

Tritare nel mixer i pomodorini secchi con due cucchiai di olio, per pochi secondi, in modo da lasciarli ancora piuttosto consistenti. Trasferirli insieme al pesto nella padella.

Lessare la pasta in acqua salata insieme ai fagiolini precedentemente lavati e privati delle estremità.

Nel frattempo scaldare a fuoco basso il pesto nella padella e unirvi la ricotta.

Poiché il composto risulterà piuttosto denso, utilizzare due o tre cucchiai dell'acqua di cottura della pasta per amalgamare e ammorbidire il tutto.

Scolare la pasta e i fagiolini al dente, trasferirli in padella e mescolare.

Scaldare a fuoco medio per qualche minuto prima di servire.

Gnocchi di rucola con pomodorini

Preparazione: 30 minuti
Cottura: 10 minuti
Difficoltà: media

Per ogni porzione
- Kcal 360
- protidi 5,25 g
- lipidi 21,25 g
- carboidrati 39,25 g

Ingredienti per 4 persone
- 500 g di patate
- 100 g di farina 00
- 100 g di rucola
- 200 g di pomodorini pachino
- 80 ml di olio extravergine di oliva
- 1 cipolla
- basilico fresco
- sale

Lessare le patate e, dopo averle fatte raffreddare, schiacciarle.

Lavare e tritare nel mixer la rucola.

Unire le patate e la rucola alla farina con un filo di olio e il sale. Impastare e tagliare il composto in piccoli gnocchi della grandezza di una nocciola.

Far bollire gli gnocchi in acqua salata con un filo di olio per non farli attaccare. Scolare appena vengono a galla.

Lavare e tagliare a metà i pomodorini pachino, quindi farli saltare in padella con olio extravergine di oliva e la cipolla tritata finemente. Salare e aggiungere alcune foglie di basilico fresco.

Condire gli gnocchi con i pomodorini e servire caldi.

Il pomodoro è un frutto davvero completo: contiene carboidrati, proteine, vitamine (A, B_2, B_6, C, K) e sali minerali (potassio, sodio, magnesio, calcio, ferro, rame, fosforo, zolfo e cloro).
Ha proprietà rinfrescanti e antitumorali.

PREPARAZIONE: 20 minuti
COTTURA: 50 minuti
DIFFICOLTÀ: media

Risotto alla zucca e fontina

Per ogni porzione
- Kcal 483
- protidi 18 g
- lipidi 10 g
- carboidrati 85,25 g

Ingredienti per 4 persone
- 400 g di zucca
- 350 g riso
- 100 g di fontina
- 40 g di parmigiano grattugiato
- 1 litro di brodo vegetale
- 1 cipolla
- olio extravergine di oliva
- sale

Affettare una cipolla e soffriggerla in olio extravergine di oliva.

Lavare e tagliare la zucca a pezzetti. Aggiungerli al soffritto e cuocere per 30 minuti unendo, quando serve, il brodo vegetale.

Togliere dal fuoco e lasciar raffreddare per un quarto d'ora.

Tritare nel mixer la zucca, quindi riporla nella pentola a fuoco lento.

Unire il riso, aggiustare di sale e continuare a cuocere aggiungendo il brodo vegetale per 20 minuti circa.

A cottura ultimata, mantecare con la fontina e aggiungere il parmigiano.

PREPARAZIONE: 30 minuti
COTTURA: 20 minuti
DIFFICOLTÀ: media

Risotto integrale alle noci

Per ogni porzione
- Kcal 587
- protidi 11,75 g
- lipidi 27,25 g
- carboidrati 72 g

Ingredienti per 4 persone
- 300 g di riso integrale
- 100 g di gherigli di noce tritati
- 50 g di burro
- 30 g di parmigiano
- 1 litro di brodo vegetale
- 125 ml di vino rosso
- 1 cipolla
- sale

Far soffriggere la cipolla con il burro e unire le noci tritate. Aggiungere il riso integrale e tostarlo. Salare a piacere. Unire il vino rosso e farlo evaporare.

Cuocere il riso con il brodo vegetale.

Prima di ultimare la cottura mantecare con il parmigiano.

PREPARAZIONE: 30 minuti
COTTURA: 20 minuti
DIFFICOLTÀ: media

Risotto black & white agli asparagi

Per ogni porzione
- Kcal 535
- protidi 14,5 g
- lipidi 19,5 g
- carboidrati 74,25 g

Ingredienti per 4 persone
- 350 g di riso black & white
- 250 g di asparagi freschi
- 40 g di parmigiano grattugiato
- 800 ml di brodo vegetale
- 125 ml di vino bianco
- 100 ml di panna da cucina (al 20% di grasso)
- 40 ml di olio extravergine di oliva
- 1 porro
- sale, pepe bianco

Affettare il porro e soffriggerlo in olio extravergine di oliva. Tagliare grossolanamente gli asparagi e aggiungerli al soffritto.

Unire il riso, tostarlo per 2-3 minuti e sfumare con il vino bianco.

Aggiungere il brodo vegetale continuando a mescolare con cura.

Prima di servire amalgamare la panna e far cuocere ancora per qualche minuto.

Aggiustare di sale e pepe bianco a piacere e spolverizzare con parmigiano.

PREPARAZIONE: 30 minuti
COTTURA: 20 minuti
DIFFICOLTÀ: media

Risotto alle fragole

Per ogni porzione
- Kcal 463
- protidi 9,5 g
- lipidi 14,5 g
- carboidrati 72,25 g

Ingredienti per 4 persone
- 300 g di riso
- 150 g di fragole
- 50 g di burro
- 30 g di parmigiano
- 1 litro di brodo vegetale
- 125 ml di vino bianco
- 60 ml di panna da cucina (al 20% di grasso)
- 1 scalogno
- sale

Far soffriggere lo scalogno con il burro e unire il riso girandolo fino a tostarlo bene. Salare a piacere. Aggiungere il vino bianco e farlo evaporare. Cuocere il riso con il brodo vegetale.

Lavare e tagliare le fragole a piccoli pezzetti e aggiungerle al riso dopo 10 minuti di cottura.

Mantecare con la panna e servire, a piacere, con parmigiano.

Gnocchi ai formaggi

Preparazione: 30 minuti
Cottura: 45 minuti
Difficoltà: media

Per ogni porzione
- Kcal 868
- protidi 34,25 g
- lipidi 36 g
- carboidrati 108,25 g

Ingredienti per 4 persone
Per gli gnocchi di patate
- 1 kg di patate
- 300 g di farina 0
- 1 uovo
- 40 ml di olio extravergine di oliva
- sale

Per la salsa al formaggio
- 100 g di gorgonzola
- 80 g di fontina
- 80 g di taleggio
- 50 g di parmigiano
- pangrattato
- pepe

Lavare e lessare le patate quindi, dopo averle fatte raffreddare, spellarle e passarle nello schiacciapatate.

Setacciare la farina e disporla a fontana, aggiungendo al centro le patate, l'uovo intero, l'olio e il sale. Impastare il composto, cercando di non maneggiarlo troppo a lungo, fino a renderlo omogeneo.

Tagliare l'impasto a pezzi grossi, arrotolandolo con le mani in modo da formare lunghi cilindri di pasta. Tagliare a quadratini e far passare gli gnocchi sui rebbi di una forchetta.

Preparare la salsa per il condimento facendo fondere tutti i formaggi a bagnomaria.

Cuocere gli gnocchi in abbondante acqua salata bollente, scolandoli appena vengono a galla. Condirli con la salsa in una teglia antiaderente.

Spolverizzare con parmigiano, pepe e due cucchiai di pangrattato.

Far gratinare in forno per 10 minuti.

Agnolotti di zucchina e salsa alle noci

Preparazione: 40 minuti
Cottura: 25 minuti
Difficoltà: alta

Per ogni porzione
- Kcal 705
- protidi 22,5 g
- lipidi 45 g
- carboidrati 55,75 g

Ingredienti per 4 persone

Per la pasta
- 250 g di farina 00
- 40 ml di olio extravergine di oliva
- 2 uova
- sale

Per il ripieno
- 8 zucchine
- 30 g di parmigiano
- 40 ml di olio extravergine di oliva
- sale

Per il condimento
- 80 g di noci sgusciate
- 30 g di burro
- 20 g di parmigiano grattugiato
- 1 scalogno

Preparare la pasta distribuendo la farina su una spianatoia, quindi unire l'uovo, il sale e un filo di olio extravergine di oliva. Impastare velocemente realizzando un composto solido e omogeneo.

Lavare, mondare e tagliare a pezzi grossi le zucchine. Cuocere al vapore per 15 minuti.

Tritare le zucchine nel mixer unendo il parmigiano, il sale e un filo di olio. Mescolare fino a ottenere una crema densa e omogenea.

Stendere la pasta. Distribuire la crema e ripiegare su se stessa la pasta. Con una formina o una tazzina realizzare alcuni tortelli a forma di mezzaluna. Premere sulle estremità per non far fuoriuscire il composto e adagiare su un vassoio.

Cuocere in abbondante acqua salata gli agnolotti e scolarli.

Tritare i gherigli di noci.

In una padella capiente, far soffriggere lo scalogno nel burro e unire le noci. Aggiungere gli agnolotti e il parmigiano continuando a mescolare a fuoco lento.

Tortelli con panna, zafferano e provola

Preparazione: 10 minuti
Cottura: 10 minuti
Difficoltà: bassa

Per ogni porzione
- Kcal 587
- protidi 0,25 g
- lipidi 33,5 g
- carboidrati 45 g

Ingredienti per 4 persone
- 500 g di tortelli di magro
- 200 ml di panna da cucina (al 20% di grasso)
- 150 g di provola affumicata
- 15 g di burro
- 1 bustina di zafferano
- 50 g di parmigiano
- sale

Tagliare a dadini la provola affumicata. Sciogliere una noce di burro con lo zafferano. Unire la panna e la provola. Mescolare con una frusta fino a ottenere una crema omogenea.

Cuocere i tortelli in abbondante acqua salata, scolarli e condirli.

Spolverizzare con parmigiano e servire caldo.

Lasagne al pesto

Preparazione: 50 minuti
Cottura: 30 minuti
Difficoltà: media

Per ogni porzione
- Kcal 808
- protidi 40,5 g
- lipidi 51,75 g
- carboidrati 48,5 g

Ingredienti per 4 persone
- 180 g di pasta all'uovo
- 50 g di basilico
- 500 ml di besciamella
- 150 g di parmigiano
- 150 g di pecorino
- 100 g di formaggio tipo crescenza
- 20 g di pinoli
- 40 ml di olio extravergine di oliva
- sale

Cuocere la sfoglia di pasta all'uovo in acqua bollente, quindi lasciarla raffreddare.

Frullare il basilico nel mixer con il parmigiano, il pecorino, i pinoli e un po' di olio.

Unire il pesto alla crescenza e alla besciamella fino a ottenere un composto omogeneo.

Imburrare una teglia da forno. Adagiare uno strato di pasta all'uovo e aggiungere uno strato di pesto, continuando in questo modo fino a esaurire gli ingredienti.

Infornare per 20 minuti a 180 °C.

Preparazione: 50 minuti
Cottura: 30 minuti
Difficoltà: media

Lasagne vegetariane

Per ogni porzione
- Kcal 598
- protidi 28,5 g
- lipidi 28,5 g
- carboidrati 61 g

Ingredienti per 4 persone
- 180 g di pasta all'uovo agli spinaci
- 150 g di parmigiano
- 100 g di fagiolini
- 100 g di piselli
- 500 ml di besciamella
- 20 ml di olio extravergine di oliva
- 2 carote
- 2 zucchine
- 1 spicchio di aglio
- sale, pepe

Lessare i fagiolini, lavare e tagliare a julienne le carote e le zucchine.

In una padella soffriggere uno spicchio di aglio e far saltare le carote per qualche minuto, unire le zucchine con i piselli e, infine, dopo qualche minuto i fagiolini. Salare e pepare. Far cuocere il tutto per 5 minuti.

Cuocere la sfoglia di pasta all'uovo in acqua bollente salata.

Imburrare una teglia da forno, cospargerla con qualche cucchiaio di besciamella. Adagiare uno strato di pasta all'uovo, uno strato di verdure, qualche cucchiaio di besciamella e un po' di parmigiano. Procedere in questo modo fino a esaurire gli ingredienti.

Informare per 20 minuti a 180 °C.

PREPARAZIONE: 40 minuti
COTTURA: 40 minuti
DIFFICOLTÀ: alta

Paella vegetariana

Per ogni porzione
- Kcal 533
- protidi 11,25 g
- lipidi 21 g
- carboidrati 79,75 g

Ingredienti per 4 persone
- 300 g di riso
- 200 g di fagiolini
- 200 g di piselli
- 1 litro di brodo vegetale
- 150 ml di passata di pomodoro
- 80 ml di olio extravergine di oliva
- 1 peperone rosso
- 1 peperone giallo
- 1 cipolla bianca
- 1 limone
- zafferano
- peperoncino tritato
- sale

Lavare e spuntare i fagiolini, quindi saltarli in una padella con quattro cucchiai di olio extravergine di oliva.

Aggiungere i piselli e continuare a cuocere a fuoco non troppo vivace, aggiungendo un po' di acqua se necessario. Quando saranno appassiti, toglierli dalla padella.

Affettare sottilmente la cipolla e farla soffriggere nella stessa padella con due cucchiai di olio.

Lavare e tagliare a fettine sottili i peperoni, unirli e cuocerli per 5 minuti a fiamma moderata.

Aggiungere la salsa di pomodoro e il riso e lasciare cuocere per altri 5 minuti a fuoco vivace, facendo insaporire il tutto. Aggiustare di sale.

Trasferire le verdure e il riso con la cipolla in una capiente casseruola leggermente unta di olio. Aggiungere una bustina di zafferano, il peperoncino e il succo di un limone.

Coprire con il brodo abbondantemente, quindi mescolare e portare a bollore.

Abbassare la fiamma e cuocere lentamente senza più mescolare secondo i tempi di cottura del riso.

A cottura ultimata far dorare il tutto a fuoco vivace fino a formare una sottile crosta sul fondo.

Spegnere la fiamma, lasciare riposare qualche minuto e servire caldo.

PREPARAZIONE: 30 minuti
COTTURA: 30 minuti
DIFFICOLTÀ: alta

Per ogni porzione
- Kcal 661
- protidi 23 g
- lipidi 47,75 g
- glucidi 31,5 g

Ingredienti per 4 persone
Per le crespelle
- 80 g di farina
- 40 g di parmigiano
- 15 g di burro
- 200 ml di latte parzialmente scremato
- 2 uova
- sale

Per la farcitura
- 250 g di funghi freschi porcini
- 50 g di parmigiano
- 500 ml di besciamella
- 125 ml di vino bianco
- 80 ml di olio extravergine di oliva
- prezzemolo
- aglio
- sale, pepe

Crespelle ai funghi porcini

Passare al setaccio la farina eliminando eventuali grumi e aggiungere in una terrina le uova continuando a sbattere con una frusta.

Unire, poco alla volta, il latte, il sale e il parmigiano fino a ottenere una pastella.

In una padella antiaderente di piccole dimensioni lasciar sciogliere una piccola noce di burro.

Aggiungere un paio di cucchiai del composto facendolo aderire perfettamente a tutta la forma della padella.

Realizzare in questa maniera circa otto crespelle tonde e di uguale misura.

Preparare la farcitura. Lavare molto bene i funghi privandoli alla base del terriccio e delle radici. Affettare per il lungo. Tritare finemente l'aglio e farlo soffriggere in olio extravergine di oliva. Unire al soffritto i funghi e un'abbondante manciata di prezzemolo e sfumare con un bicchiere di vino bianco. Aggiustare di sale e pepe. Lasciare cuocere a fuoco lento per 10 minuti aggiungendo un po' di acqua se i funghi dovessero risultare troppo asciutti durante la cottura.

Cospargere le crespelle con due cucchiai di funghi e uno di besciamella. Arrotolare le crespelle e disporle su una teglia ricoperta di carta da forno. Cospargere le crespelle con abbondante besciamella e un po' di parmigiano. Fare gratinare in forno a 200 °C per 15 minuti.

Pasta alla Norma

PREPARAZIONE: 15 minuti
COTTURA: 1 ora
DIFFICOLTÀ: media

Per ogni porzione
- Kcal 594
- protidi 14,25 g
- lipidi 24 g
- carboidrati 84,75 g

Ingredienti per 4 persone
- 350 g di maccheroni
- 100 g di ricotta salata
- 500 ml di salsa di pomodoro
- 80 ml di olio extravergine di oliva
- 2 melanzane
- 2 spicchi di aglio
- 1 cipolla bianca
- basilico
- sale

Lavare e affettare le melanzane. Lasciar sgocciolare le fette sotto peso per circa un'ora, in modo da far perdere l'acqua in eccesso.

Far soffriggere in olio extravergine di oliva gli spicchi di aglio e la cipolla affettata e cuocere la salsa di pomodoro per 50 minuti circa.

Sciacquare le melanzane e friggerle. Tenere quattro fette intere e tagliare a striscioline le altre fette. Cuocere la pasta e passarla nella padella di cottura delle melanzane. Aggiungere la salsa di pomodoro e le striscioline di melanzane.

Preparare i piatti con la pasta, spolverizzare con la ricotta salata e guarnire con le fette di melanzana lasciate da parte e il basilico.

Finocchi profumati al forno

PREPARAZIONE: 10 minuti
COTTURA: 20 minuti
DIFFICOLTÀ: bassa

Per ogni porzione
- Kcal 164
- protidi 3,75 g
- lipidi 12,75 g
- carboidrati 8,75 g

Ingredienti per 4 persone
- 4 finocchi
- 12 pomodorini ciliegino
- 40 g di olive miste (nere e verdi)
- 40 ml di olio extravergine di oliva
- 2 cucchiai di pangrattato
- origano
- sale, pepe

Lavare e tagliare i finocchi in quattro pezzi. Cuocere al vapore per 10 minuti.

Lavare e tagliare i pomodorini a pezzetti. Sminuzzare le olive.

Ungere una teglia da forno con olio extravergine di oliva. Disporre i finocchi scolati, unire i pomodorini, le olive, l'origano, sale, pepe e un altro po' di olio.

Cospargere con il pangrattato e cuocere in forno per 10 minuti circa.

Sfornare e servire.

PREPARAZIONE: 20 minuti
COTTURA: 10 minuti
DIFFICOLTÀ: bassa

Tofu fritto

Per ogni porzione
- Kcal 331
- protidi 4 g
- lipidi 27,25 g
- carboidrati 18,25 g

Ingredienti per 4 persone
- 300 g di tofu
- 80 g di kudzu in polvere (o amido di mais)
- 100 ml di olio di soia
- sale

Sgocciolare il tofu e tagliarlo a fette di circa 1 cm.

Asciugarlo con carta assorbente e impanarlo con kudzu in polvere o amido di mais.

Friggere in olio di soia e assorbire l'olio in eccesso aiutandosi con altra carta assorbente.

Salare e servire caldo.

Il kudzu in polvere è un amido vegetale proveniente dall'Oriente, molto utilizzato nella cucina cinese e giapponese. Ha proprietà antiossidanti ed è un ottimo ingrediente per combattere il colesterolo.

Melanzane in salsa fresca allo yogurt

PREPARAZIONE: 15 minuti
COTTURA: 30 minuti
DIFFICOLTÀ: media

Per ogni porzione
- Kcal 153
- protidi 4,75 g
- lipidi 12,5 g
- carboidrati 6 g

Ingredienti per 4 persone
- 3 melanzane
- 150 g di yogurt naturale
- 50 g di olive nere
- 20 g di pinoli
- 20 ml di olio extravergine di oliva
- 1 cipolla
- timo
- sale, pepe

Lavare e mondare le melanzane, quindi tagliarle a striscioline. Sminuzzare le olive nere.

Far soffriggere la cipolla in olio extravergine di oliva e unire le olive e i pinoli. Aggiungere le melanzane e il timo e cuocere per 20 minuti a fuoco lento.

Salare e pepare. Versare lo yogurt e proseguire la cottura per 10 minuti circa.

Spiedini di verdure e tofu

PREPARAZIONE: 15 minuti
COTTURA: 10 minuti
DIFFICOLTÀ: bassa

Per ogni porzione
- Kcal 110
- protidi 10,5 g
- lipidi 0,25 g
- carboidrati 5,75 g

Ingredienti per 4 persone
- 200 g di tofu
- 10 pomodorini ciliegino
- 3 zucchine
- 1 peperone giallo
- salsa di soia
- sale

Lavare e mondare le verdure, tagliare a fette le zucchine, a pezzetti quadrati il peperone e a metà i pomodorini. Lessare le rondelle di zucchina mantenendole croccanti.

Sgocciolare il tofu e tagliarlo a cubetti.

Infilzare alternando le verdure e il tofu. Condire con salsa di soia e salare.

Preparazione: 5 minuti
Cottura: 50 minuti
Difficoltà: media

Per ogni porzione
- Kcal 403
- protidi 13,5 g
- lipidi 19,5 g
- carboidrati 40 g

Ingredienti per 4 persone
- 400 g di tempeh
- 100 g di farina 00
- 80 ml di marsala
- 1 limone
- salsa di soia
- olio extravergine di oliva
- timo

Tempeh al marsala

Cuocere per 30 minuti circa il tempeh tagliato a pezzetti in abbondante acqua insaporita con la salsa di soia.

Scolare e infarinare. Far soffriggere in olio extravergine di oliva per qualche minuto e aggiungere il marsala leggermente diluito in acqua e la buccia grattugiata di un limone.

Spolverizzare con il timo e lasciare cuocere ancora per 20 minuti circa.

Il tempeh è un alimento di origine indonesiana, che si ricava dalla fermentazione della soia con lattobacilli. Fonte di proteine, ferro, vitamine e acidi grassi essenziali, è famoso per la caratteristica ricchezza dei ricercatissimi Omega 3.

Preparazione: 40 minuti
Cottura: 1 ora
Difficoltà: media

Sformatino alle verdure

Per ogni porzione
- Kcal 332
- protidi 14,75 g
- lipidi 13,25 g
- carboidrati 41,25 g

Ingredienti per 4 persone
- 4 patate
- 3 zucchine
- 2 melanzane
- 1 cipolla
- 50 g di parmigiano
- 250 ml di latte parzialmente scremato
- 20 ml di olio extravergine di oliva
- 1 uovo

Cuocere, pelare e schiacciare le patate. Lavare e tagliare a julienne le zucchine e le melanzane.

Tritare la cipolla e farla soffriggere in olio, aggiungere le verdure e cuocere per 30 minuti circa con un bicchiere d'acqua. Quando le verdure saranno cotte lasciarle raffreddare.

Sbattere un uovo con il latte e unire il parmigiano e le patate. In una pirofila antiaderente stendere per metà la purea di patate ben compatta, quindi aggiungere le verdure e ricoprire con la restante purea.

Spolverizzare con un po' di parmigiano e infornare per 15 minuti a 180 °C.

Per esaltare il gusto di questa pietanza si consiglia di accompagnarla con il Roero d'Arneis.

PREPARAZIONE: 20 minuti
COTTURA: 30 minuti
DIFFICOLTÀ: media

Spezzatino di seitan

Per ogni porzione
- Kcal 265
- protidi 11,75 g
- lipidi 13 g
- carboidrati 16 g

Ingredienti per 4 persone
- 200 g di seitan
- 150 g di patate
- 50 g di mandorle
- 500 ml di brodo vegetale
- 100 ml di vino bianco
- 20 ml di olio extravergine di oliva
- 4 carciofi
- 1 scalogno
- prezzemolo
- sale

Lavare e tritare il prezzemolo.

Tagliare e lavare le patate. Togliere le foglie più dure dei carciofi, dividerli a metà, eliminare il fieno interno e cuocerli a vapore con le patate tagliate a cubetti per 15 minuti.

Far soffriggere lo scalogno in olio extravergine di oliva e unire le verdure con il seitan. Sfumare con il vino bianco e cuocere per 15 minuti.

Aggiungere qualche mestolo di brodo.

Servire caldo spolverizzando con un po' di prezzemolo e mandorle tritate.

PREPARAZIONE: 10 minuti
COTTURA: 10 minuti
DIFFICOLTÀ: bassa

Uova ai fiori di zucchina

Per ogni porzione
- Kcal 189
- protidi 8,5 g
- lipidi 16,75 g
- carboidrati 0,75 g

Ingredienti per 4 persone
- 4 uova
- 20 fiori di zucchina
- 1 scalogno
- olio extravergine di oliva
- sale

Affettare lo scalogno e farlo imbiondire a fuoco lento in quattro cucchiai di olio.

Lavare i fiori di zucchina e asciugarli con cura, aiutandovi con un panno.

Tagliarli in quattro parti e unirli allo scalogno. Cuocere per 10 minuti circa, aggiustando di sale.

Quando i fiori saranno dorati e ammorbiditi, rompere le uova e versarle sopra il composto.

Cuocere altri 5 minuti a fuoco lento, fino a quando l'albume si sarà completamente rappreso.

Servire caldi.

Fiori di zucca ripieni

Preparazione: 20 minuti
Cottura: 4 minuti
Difficoltà: media

Per ogni porzione
- Kcal 171
- protidi 8,75 g
- lipidi 14,5 g
- carboidrati 2 g

Ingredienti per 4 persone
- 12 fiori di zucca
- 100 g di ricotta
- 80 g di caprino
- 30 g di erba cipollina
- 50 g di parmigiano
- 30 ml di olio extravergine di oliva
- 1 zucchina
- mezzo scalogno
- sale, pepe

Con i rebbi di una forchetta schiacciare il parmigiano, il caprino e la ricotta amalgamandoli con l'erba cipollina.

Far soffriggere lo scalogno con due cucchiai di olio extravergine di oliva. Grattugiare una zucchina e unirla al soffritto. In una terrina adagiare i formaggi unendoli alla zucchina appassita in padella. Salare e pepare a piacere.

Scottare in acqua bollente i fiori di zucca per 4 minuti. Lasciar sgocciolare e asciugare con carta assorbente.

Riempire i fiori con il composto.

Frittata di cime di rapa

Preparazione: 20 minuti
Cottura: 20 minuti
Difficoltà: bassa

Per ogni porzione
- Kcal 211
- protidi 14,5 g
- lipidi 15,25 g
- carboidrati 4 g

Ingredienti per 4 persone
- 4 uova
- 500 g di cime di rapa
- 50 g di pecorino
- 20 ml di olio di soia
- 1 spicchio di aglio
- sale, pepe

Lavare e cuocere al vapore le cime di rapa per 15 minuti.

Sbattere le uova con il pecorino. Salare e pepare.

Scaldare l'olio di semi in una padella e soffriggere lo spicchio di aglio.

Scolare le cime di rapa e metterle in padella. Togliere l'aglio e unire le uova sbattute, facendole aderire perfettamente alla padella.

Girare la frittata a metà cottura per far dorare entrambi i lati.

PREPARAZIONE: 30 minuti
COTTURA: 40 minuti
DIFFICOLTÀ: media

Caponata

Per ogni porzione
- Kcal 293
- protidi 6,5 g
- lipidi 21,5 g
- carboidrati 20 g

Ingredienti per 4 persone
- 3 melanzane
- 3 peperoni
- 3 pomodori maturi
- 50 g di olive nere
- 20 g di capperi
- 20 g di pinoli
- 20 g di zucchero
- 80 ml di aceto
- 60 ml di olio extravergine di oliva
- 1 costa di sedano
- 1 cipolla
- sale

Lavare e tagliare le melanzane a cubetti, friggerle e appoggiarle su un po' di carta assorbente. Grigliare i peperoni interi e, dopo averli fatti raffreddare, spellarli e dividerli a striscioline. Tagliare a pezzettini la costa di sedano e cuocerla al vapore. Lavare e tagliare i pomodori.

Far soffriggere in una grossa padella la cipolla e aggiungere i pezzetti di pomodoro. Unire l'aceto e lo zucchero e cuocere per 10 minuti. Aggiungere le melanzane, i peperoni, le olive, i capperi, il sedano e i pinoli. Salare e cuocere a fuoco basso per circa 30 minuti.

PREPARAZIONE: 15 minuti
COTTURA: 40 minuti
DIFFICOLTÀ: media

Sformato di patate e radicchio trevigiano

Per ogni porzione
- Kcal 223
- protidi 10,25 g
- lipidi 9,75 g
- carboidrati 24,75 g

Ingredienti per 4 persone
- 2 patate
- 120 g di radicchio trevigiano
- 50 g di fontina
- 15 g di burro
- 2 uova
- 1 cipolla bianca
- farina 00
- sale, pepe

Tagliare il radicchio a strisce di circa mezzo centimetro. Sciogliere metà burro in una padella, affettare la cipolla e lasciarla appassire con il radicchio.

Lessare le patate e passarle nello schiacciapatate. Grattugiare grossolanamente la fontina.

In una terrina unire il radicchio con le patate, la fontina, tre cucchiai di farina e le uova. Mescolare tutto fino a ottenere un composto omogeneo. Salare e pepare.

Adagiare il composto in una teglia da forno imburrata e cuocere a 160 °C per 20 minuti.

Melanzane ripiene

Preparazione: 20 minuti
Cottura: 40 minuti
Difficoltà: media

Per ogni porzione
- Kcal 362
- protidi 22 g
- lipidi 20,25 g
- carboidrati 24 g

Ingredienti per 4 persone
- 4 melanzane
- 150 g di provola affumicata
- 100 g di mozzarella
- 500 ml di passata di pomodoro
- 20 ml di olio extravergine di oliva
- 2 uova
- 1 scalogno
- 8 foglie di basilico fresco
- 4 cucchiai di pangrattato
- sale, pepe

Lavare e tagliare a metà le melanzane, quindi farle bollire per circa 20 minuti in acqua salata.

Scolarle e svuotarle, lasciando sgocciolare la polpa ancora per qualche minuto.

Far soffriggere lo scalogno in olio extravergine di oliva e cuocere la passata di pomodoro per un'ora circa.

Preparare il ripieno con la polpa delle melanzane tagliata a pezzetti, la mozzarella tritata nel mixer, la provola grattugiata, le uova, sale e pepe.

Amalgamare il tutto unendo metà della passata di pomodoro. Riempire le melanzane con il composto e adagiare su ognuna un cucchiaio di passata, una spolverata di pangrattato e una foglia di basilico.

Adagiare le melanzane ripiene su carta da forno e infornare per 20 minuti a 180 °C.

Zucchine ripiene alla soia

Preparazione: 20 minuti
Cottura: 30 minuti
Difficoltà: media

Per ogni porzione
- Kcal 307
- protidi 21,75 g
- lipidi 17 g
- carboidrati 11,75 g

Ingredienti per 4 persone
- 4 zucchine
- 150 g di soia granulare
- 50 g di pecorino
- 1 uovo
- 1 scalogno
- vino bianco
- olio extravergine di oliva
- prezzemolo
- sale, pepe

Lavare le zucchine e tagliarle a metà, svuotandole.

Far bollire la soia granulare per 5 minuti, scolarla e farla soffriggere con lo scalogno in olio extravergine di oliva. Aggiungere un bicchiere di vino bianco, salare e pepare a piacere e cuocere a fuoco lento per 10 minuti.

Far raffreddare la soia, sbattere l'uovo e il pecorino grattugiato con il prezzemolo e unire la soia. Riempire le zucchine con il composto.

Infornare per 15 minuti a 180 °C.

__Preparazione:__ 20 minuti
__Cottura:__ 20 minuti
__Difficoltà:__ media

Tortino di asparagi al tartufo

Per ogni porzione
- Kcal 451
- protidi 12,75 g
- lipidi 33,25 g
- carboidrati 26,5 g

Ingredienti per 4 persone
- 500 g di asparagi
- 1 rotolo di pasta sfoglia
- 1 uovo
- 4 cucchiai di parmigiano
- 1 cucchiaio di tartufo grattugiato
- olio extravergine di oliva
- sale

Lavare e lessare gli asparagi, tenere da parte qualche punta, tagliare il resto grossolanamente e tritarlo nel mixer. Amalgamare la crema di asparagi ottenuta con l'uovo, il parmigiano e un filo di olio.

Stendere la pasta sfoglia e ricoprirla con il composto. Guarnire a piacere con le punte di asparagi tenute da parte.

Cospargere con il tartufo appena grattugiato e infornare per 20 minuti a 200 °C.

Servire a fette.

Gli asparagi sono un vero e proprio toccasana: noti per le proprietà diuretiche e disintossicanti, sono anche ricchi di vitamine, fibre e sali minerali. Consigliati per i disturbi renali, i calcoli e l'eliminazione della cellulite.

Ceci in salsa di pomodoro piccante

PREPARAZIONE: 50 minuti + 12 ore per l'ammollo dei ceci
COTTURA: 40 minuti
DIFFICOLTÀ: media

Per ogni porzione
- Kcal 320
- protidi 11,75 g
- lipidi 17,5 g
- carboidrati 30,5 g

Ingredienti per 4 persone
- 200 g di ceci secchi
- 200 g di pomodorini pachino
- 300 ml di salsa di pomodoro
- 60 ml di olio extravergine di oliva
- 1 spicchio di aglio
- 1 cipolla bianca
- curry
- peperoncino
- sale

Mettere in ammollo i ceci almeno 12 ore prima della preparazione.

Lessarli in abbondante acqua salata per 30 minuti.

Tritare finemente la cipolla e lo spicchio di aglio e farli soffriggere nell'olio in una capiente casseruola.

Aggiungere la salsa di pomodoro e cuocere a fuoco lento per 15 minuti, tenendo la casseruola parzialmente coperta.

Lavare e tagliare a metà i pomodorini. Aggiungerli al sugo. Cuocere altri 10 minuti e unire i ceci scolati con un pizzico di peperoncino e un cucchiaino di curry.

Proseguire la cottura per altri 5 minuti, quindi trasferire in una terrina e aggiungere un filo di olio.

PREPARAZIONE: 30 minuti
COTTURA: 45 minuti
DIFFICOLTÀ: media

Torta di albicocche

Per ogni porzione
- Kcal 420
- protidi 9 g
- lipidi 19 g
- carboidrati 54,3 g

Ingredienti per 6 persone
- 1 kg di albicocche
- 180 g di zucchero vanigliato a velo
- 100 g di farina
- 100 g di mandorle spellate
- 50 g di burro
- 3 uova
- 1 bustina di lievito (per dolci)

Lavorare i tuorli con lo zucchero, amalgamare la farina con il lievito e montare separatamente a neve gli albumi. Sciogliere il burro a bagnomaria.

Lavare, snocciolare e tagliare a fettine le albicocche. Tritare le mandorle spellate.

Unire le albicocche e le mandorle ai tuorli, incorporando poco alla volta gli albumi e il burro sciolto.

Amalgamare creando un composto omogeneo.

Imburrare e infarinare una teglia. Versare il composto e infornare a 160 °C per 45 minuti.

Torta pere e cioccolato

Preparazione: 20 minuti
Cottura: 50 minuti
Difficoltà: media

Per ogni porzione
- Kcal 362
- protidi 9,6 g
- lipidi 8,3 g
- carboidrati 65,83 g

Ingredienti per 6 persone
- 1 kg di pere Abate
- 200 g di zucchero
- 100 g di farina 00
- 100 g di cacao amaro in polvere
- 50 g di burro
- 3 uova
- 1 bustina di vanillina
- 1 bustina di lievito

Sbucciare e tagliare a fette per il lungo le pere.

Sbattere le uova con lo zucchero e incorporare la farina dopo averla amalgamata con il lievito e la vanillina.

Unire il cacao in polvere e il burro fuso e amalgamare il tutto.

Imburrare una teglia e cospargere di farina.

Versare il composto, adagiarvi gli spicchi di pera e infornare per 50 minuti a 160 °C.

Servire tiepida accompagnandola, a piacere, con un po' di panna montata.

PREPARAZIONE: 30 minuti + 2 ore per il raffreddamento
DIFFICOLTÀ: media

Per ogni porzione
- Kcal 392
- protidi 6,6 g
- lipidi 17,33 g
- carboidrati 56,16 g

Ingredienti per 6 persone
- 12 fichi freschi (grossi e compatti)
- 350 g di gelato alla vaniglia
- 250 g di panna da montare
- 30 g di cacao amaro

Fichi ripieni di gelato alla vaniglia

Tagliare i fichi a metà togliendo la polpa. Unire la polpa dei fichi al gelato e riempire le bucce.

Mettere in freezer e lasciare riposare per almeno 2 ore. Servire con panna montata e una spolverata di cacao amaro.

PREPARAZIONE: 20 minuti
COTTURA: 40 minuti
DIFFICOLTÀ: media

Plum cake al limone

Per ogni porzione
- Kcal 473
- protidi 7 g
- lipidi 23,5 g
- carboidrati 62 g

Ingredienti per 6 persone
- 200 g di farina 00
- 200 g di zucchero
- 150 g di burro
- 100 ml di latte parzialmente scremato
- 3 limoni non trattati
- 2 uova
- 1 bustina di vanillina
- 1 bustina di lievito
- sale

Montare a neve gli albumi con un pizzico di sale. Sbattere i tuorli con lo zucchero e il burro ammorbidito, incorporare la farina setacciata con il lievito e la vanillina e infine gli albumi.

Grattugiare le bucce dei limoni e spremerli. Aggiungere le bucce e il succo al resto del composto.

Mescolare fino a ottenere un impasto omogeneo, aggiungendo il latte a temperatura ambiente.

Mettere il composto in uno stampo da plum cake imburrato e infarinato e infornare per 40 minuti a 180 °C.

Servire a fette.

PREPARAZIONE: 20 minuti + 2 ore per il raffreddamento
COTTURA: 10 minuti
DIFFICOLTÀ: media

Per ogni porzione
- Kcal 249
- protidi 7,1 g
- lipidi 10,5 g
- carboidrati 33,3 g

Ingredienti per 6 persone
- 200 g di fragole
- 130 g di zucchero
- 25 g di farina
- 500 ml di latte parzialmente scremato
- 200 ml di panna da montare
- 2 uova (meglio se pastorizzate)
- 1 limone
- sale

Semifreddo alle fragole

Scaldare il latte con la scorza di un limone. Portarlo a ebollizione e unire 50 grammi di zucchero mescolando con una frusta. Aggiungere la farina setacciata continuando a mescolare. Togliere la scorza di limone e lasciare raffreddare.

Lavare e mondare le fragole, tritarle nel mixer e unirle al latte tiepido.

Montare a neve gli albumi delle uova con un pizzico di sale. Lavorare i tuorli con il restante zucchero. Montare la panna. Unire gli albumi al composto con le fragole, lavorare con una frusta elettrica e aggiungere i tuorli. Incorporare, infine, anche la panna montata.

Porre in uno stampo da plum cake e mettere in freezer. Lasciare riposare per almeno due ore. Servire guarnendo con qualche fragola e un po' di panna montata.

Frolla integrale con fragole

Preparazione: 60 minuti + 30 minuti per il raffreddamento
Cottura: 40 minuti
Difficoltà: media

Per ogni porzione
- Kcal 445
- protidi 9,16 g
- lipidi 21 g
- carboidrati 58,3 g

Ingredienti per 6 persone

Per la frolla
- 100 g di farina 00
- 100 g di farina integrale
- 120 g di burro
- 150 g di zucchero a velo
- 2 uova
- 1 limone
- sale

Per la farcitura
- 400 g di fragole
- 30 g di zucchero a velo
- 100 ml di latte parzialmente scremato
- 1 uovo
- 1 limone
- 1 cucchiaio di farina 00

Lavorare in una terrina i due tipi di farina con il burro ammorbidito e lo zucchero. Unire un uovo intero e un tuorlo, la buccia grattugiata di un limone e un pizzico di sale.

Impastare fino a ottenere un composto solido e omogeneo. Lasciar riposare per 30 minuti in frigorifero.

Imburrare una teglia e stendere la pasta frolla.

Infornare per 30 minuti a 180 °C.

Preparare la crema pasticcera cuocendo a fuoco lento il latte con la farina setacciata e lo zucchero e girando velocemente con una frusta. Unire la scorza del limone e il tuorlo d'uovo. Portare a bollore e spegnere. Togliere la scorza e lasciare raffreddare.

Lavare e mondare le fragole, tagliandole a fettine.

Quando la frolla sarà raffreddata, farcire con la crema e le fragole.

Crêpe cioccolato e arance

PREPARAZIONE: 30 minuti + 30 minuti per il riposo della pastella
COTTURA: 20 minuti
DIFFICOLTÀ: media

Per ogni porzione
- Kcal 265
- protidi 8 g
- lipidi 11,83 g
- carboidrati 33,5 g

Ingredienti per 6 persone
Per la pastella delle crêpe
- 125 g di farina bianca 00
- 20 g di burro
- 200 ml di latte parzialmente scremato
- 2 uova

Per la farcitura
- 2 arance
- 100 g di cioccolato fondente
- 100 ml di latte parzialmente scremato

Lavorare con una frusta le uova intere, la farina e il latte fino a ottenere una crema fluida. Coprire la crema e lasciare in frigorifero per 30 minuti circa.

Sciogliere il burro a bagnomaria. Unirlo al composto.

Preparare le crêpe in una padella antiaderente di circa 15 cm di diametro ponendo due cucchiai di liquido e cospargendolo velocemente per tutta la grandezza della padella. Lasciare imbrunire le crêpe sui due lati e prepararle fino a esaurire l'impasto.

Sbucciare l'arancia e tagliare a pezzettini gli spicchi. Fondere il cioccolato e diluirlo con il latte caldo.

Disporre i pezzetti di arancia sulle crêpe e versare a filo la salsa di cioccolato.

Chiuderle a rotolino e servire.

Crumble di mele

Preparazione: 30 minuti
Cottura: 20 minuti
Difficoltà: media

Per ogni porzione
- Kcal 295
- protidi 5,5 g
- lipidi 10,5 g
- carboidrati 46,5 g

Ingredienti per 4 persone
- 2 mele gialle e mature
- 120 g di farina 00
- 50 g di zucchero di canna
- 40 g di burro
- 1 uovo
- 1 limone
- 1 bustina di vanillina

Lasciare ammorbidire il burro tagliato a pezzetti in una terrina. Unire lo zucchero e mescolare fino a ottenere una crema morbida. Aggiungere l'uovo e la farina setacciata con la bustina di vanillina continuando a mescolare. Unire la buccia grattugiata di un limone.

Sbucciare e tagliare a fettine le mele. Disporre in uno stampo imburrato e adagiare il composto sbriciolato.

Infornare a 180 °C per 20 minuti.

Sorbetto al limone

Preparazione: 30 minuti + 3-4 ore per il congelamento
Cottura: 10 minuti
Difficoltà: media

Per ogni porzione
- Kcal 207
- protidi 0,75 g
- lipidi 0,25 g
- carboidrati 49,5 g

Ingredienti per 4 persone
- 180 g di zucchero a velo
- 4 limoni non trattati
- 3 cucchiai grossi di gelato al limone
- 1 uovo
- 1 bicchierino di spumante bianco secco

Lavare i limoni, prenderne uno e grattugiarne la buccia. Spremerli tutti e filtrarne il succo. Pulire l'interno delle scorze, svuotandole perfettamente.

Montare a neve l'albume e incorporare lo zucchero, il succo e la buccia dei limoni, mescolando velocemente con una frusta elettrica.

Portare a ebollizione il composto. Lasciar raffreddare e filtrare.

Unire il bicchiere di spumante secco. Porre il liquido in vaschette per cubetti di ghiaccio e mettere in freezer per 3-4 ore circa.

Frullare i cubetti con un tritaghiaccio e aggiungere il gelato al limone. Mescolare bene il composto e versare il liquido nelle scorze di limone svuotate.

PREPARAZIONE: 30 minuti + 3-4 ore per il congelamento
COTTURA: 10 minuti
DIFFICOLTÀ: media

Per ogni porzione
- Kcal 229
- protidi 4,16 g
- lipidi 8,16 g
- carboidrati 36,6 g

Ingredienti per 6 persone
- 300 g di pesche
- 180 g di zucchero a velo
- 200 ml di latte parzialmente scremato
- 100 ml di panna
- 2 uova
- 1 limone
- 1 stecca di vaniglia

Gelato alla pesca

Lavorare i tuorli delle uova con lo zucchero e unire il latte. Lasciare riposare con la scorza di un limone e una stecca di vaniglia.

Mettere sul fuoco a fiamma bassa continuando a mescolare fino a ottenere una crema densa.

Togliere dalla fiamma prima che giunga a ebollizione, eliminare la scorza di limone e la stecca di vaniglia e lasciar raffreddare.

Montare la panna. Tagliare, snocciolare e frullare le pesche.

Incorporare le pesche e la panna alla crema.

Mantecare il composto nella gelatiera e lasciare riposare in freezer per 3-4 ore.

PREPARAZIONE: 30 minuti + 30 minuti per l'ammollo dell'uvetta
COTTURA: 30 minuti
DIFFICOLTÀ: media

Per ogni porzione
- Kcal 616
- protidi 17,33 g
- lipidi 13,6 g
- carboidrati 112,83 g

Ingredienti per 6 persone
- 500 g di farina 00
- 200 g di zucchero
- 100 g di mandorle
- 100 g di uvetta
- 4 uova
- sale

Biscotti alle mandorle

Preriscaldare il forno a 180 °C. Tostare le mandorle intere per 5 minuti sulla piastra del forno.

Lasciare a bagno l'uvetta in acqua tiepida per 30 minuti. Lavorare i tuorli con lo zucchero. Unire l'uvetta sgocciolata e le mandorle tostate. Montare a neve gli albumi con un pizzico di sale.

Setacciare la farina su una spianatoia e incorporare tutti gli ingredienti fino a ottenere un composto compatto.

Dividere la pasta in modo da formare piccoli "filoncini", quindi cospargerli con la farina e adagiarli su una placca ricoperta di carta da forno.

Cuocere per 15 minuti, togliere dal forno ancora caldi e tagliarli trasversalmente. Infornare nuovamente per altri 15 minuti e lasciarli tostare.

Preparazione: 30 minuti
Cottura: 30 minuti
Difficoltà: media

Torta allo yogurt di mirtilli

Per ogni porzione
- Kcal 269
- protidi 7,5 g
- lipidi 6,6 g
- carboidrati 46,5 g

Ingredienti per 6 persone
- 120 g di farina 00
- 120 g di zucchero
- 100 g di yogurt ai mirtilli
- 50 g di fecola di patate
- 25 g di burro
- 3 uova
- 1 limone
- 1 bustina di lievito
- sale

Montare a neve gli albumi con un pizzico di sale. Unire i tuorli allo zucchero e alla scorza del limone grattugiata. Incorporare poco alla volta la farina, dopo averla amalgamata con la fecola e il lievito. Unire il burro fuso e lo yogurt.

Versare il composto in una teglia imburrata e infarinata e cuocere a 160 °C per 30 minuti circa.

Preparazione: 20 minuti
Cottura: 35 minuti
Difficoltà: media

Torta di carote

Per ogni porzione
- Kcal 304
- protidi 7,66 g
- lipidi 17 g
- carboidrati 31,66 g

Ingredienti per 6 persone
- 150 g di carote
- 150 g di farina 00
- 100 g di mandorle sgusciate e tritate
- 50 g di burro
- 50 g di zucchero a velo
- 60 ml di latte parzialmente scremato
- 1 bustina di vanillina
- 1 uovo
- 1 bustina di lievito (per dolci)

Lavare, raschiare e grattugiare le carote. Sbattere l'uovo e unire, man mano, la farina mescolata con il lievito e la vanillina, il burro ammorbidito, le carote grattugiate e le mandorle tritate, aggiungendo poco alla volta il latte.

Imburrare e infarinare la teglia, versarvi il composto e infornare a 180 °C per 35 minuti.

Quando la torta si sarà raffreddata, cospargere di zucchero a velo.

Preparazione: 30 minuti
Cottura: 30 minuti
Difficoltà: media

Soufflé di miele e mandorle

Per ogni porzione
- Kcal 297
- protidi 8,83 g
- lipidi 20 g
- carboidrati 21,66 g

Ingredienti per 6 persone
- 100 g di mandorle spellate
- 50 g di farina
- 50 g di burro
- 50 g di zucchero vanigliato a velo
- 4 cucchiai di miele
- 4 uova
- 1 bustina di lievito (per dolci)
- 1 bustina di vanillina

Montare gli albumi a neve e tritare le mandorle finemente.

Lavorare con una frusta la farina con il lievito, i tuorli, le mandorle e la vanillina.

Unire al composto gli albumi e amalgamare il tutto con una frusta elettrica a bassa velocità per non smontare il composto. Aggiungere il miele.

Quando l'impasto risulta omogeneo e cremoso, versarlo in otto stampini imburrati e infarinati riempiendoli per circa tre quarti.

Cuocere in forno a 160 °C per 30 minuti.

Una volta raffreddati spolverizzare, a piacere, con zucchero a velo.

PREPARAZIONE: 30 minuti
COTTURA: 25 minuti
DIFFICOLTÀ: media

Torta rovesciata all'ananas

Per ogni porzione
- Kcal 324
- protidi 6,33 g
- lipidi 14,5 g
- carboidrati 44,66 g

Ingredienti per 6 persone
- 250 g di ananas sciroppato sgocciolato
- 120 g di farina 00
- 125 g di zucchero a velo
- 1 bustina di lievito
- 80 g di burro
- 3 uova

Imburrare una teglia e foderarla di fette di ananas, tenendo da parte un po' di sciroppo.

Sbattere con una frusta il burro ammorbidito con lo zucchero fino a ottenere una crema morbida. Unire le uova incorporando poco alla volta la farina setacciata con il lievito.

Aggiungere mezzo bicchiere di sciroppo di ananas.

Versare il composto sulle fette di ananas già disposte sulla teglia e infornare a 160 °C per 25 minuti.

Lasciare raffreddare e capovolgere la torta su un piatto da portata.

5 OZ

Preparazione: 30 minuti
Cottura: 25 minuti
Difficoltà: media

Torta autunnale

Per ogni porzione
- Kcal 644
- protidi 14 g
- lipidi 41 g
- carboidrati 58,5 g

Ingredienti per 6 persone
- 150 g di farina 00
- 125 g di zucchero a velo
- 100 g di mandorle spellate
- 100 g di nocciole sgusciate
- 80 g di fichi secchi
- 80 g di scaglie di cioccolato fondente
- 70 g di gherigli di noce
- 50 g di burro
- 3 uova
- 1 bustina di lievito

Sminuzzare grossolanamente tutta la frutta secca compresi i fichi.

Lavorare con una frusta le uova con lo zucchero. Unire la farina setacciata con il lievito e le scaglie di cioccolato.

Sciogliere il burro a bagnomaria e aggiungerlo all'impasto. Amalgamare il tutto creando un composto omogeneo. Imburrare e infarinare una teglia, quindi versarvi il composto.

Infornare a 180 °C per 25 minuti.

Preparazione: 20 minuti
Difficoltà: media

Crema di zafferano con lamponi

Per ogni porzione
- Kcal 314
- protidi 8,5 g
- lipidi 14,25 g
- carboidrati 36,75 g

Ingredienti per 4 persone
- 1 bustina di zafferano
- 400 g di ricotta
- 300 g di lamponi
- 100 g di zucchero
- 60 ml di vino moscato o passito

Sciogliere lo zafferano in pochissima acqua e amalgamarlo alla ricotta.

Unire poco a poco lo zucchero mescolando sempre in modo da evitare che si formino grumi. Aggiungere il vino e amalgamare fino a ottenere una crema perfettamente omogenea.

Suddividere in quattro coppette e riporre in frigorifero a raffreddare.

Servire la crema accompagnandola con lamponi freschi.

Crema fredda al cioccolato

Preparazione: 30 minuti + 2 ore per il raffreddamento
Cottura: 10 minuti
Difficoltà: media

Per ogni porzione
- Kcal 569
- protidi 17,66 g
- lipidi 29,33 g
- carboidrati 60,83 g

Ingredienti per 6 persone
- 150 g di cioccolato fondente
- 125 g di farina 00
- 125 g di zucchero di canna
- 125 g di nocciole
- 100 ml di latte parzialmente scremato
- 4 uova
- cialde (a piacere)

Sbattere i tuorli con la frusta incorporando poco alla volta lo zucchero fino a ottenere un composto omogeneo e spumoso.

Trasferire il composto in una pentola insieme alla farina e al latte e farlo intiepidire a fuoco basso, mescolando di continuo per evitare che si formino grumi.

Rompere a piccoli pezzetti il cioccolato, aiutandosi se necessario con un coltello, e aggiungerlo al composto sul fuoco.

Continuare a mescolare fino a rendere la crema omogenea.

Trasferire la crema in sei coppette da dessert e riporle in frigorifero per almeno 2 ore.

Servire, aggiungendo un cucchiaio di nocciole tritate per ogni coppetta e guarnire, a piacere, con le cialde.

Indice delle ricette

ANTIPASTI

MINESTRE

PIATTI PRINCIPALI

DESSERT

Finito di stampare
nel mese di febbraio 2006
presso le Grafiche Milani
Segrate (Milano)

per

DVE ITALIA S.p.A.
20124 Milano – Via Vittor Pisani, 16